Häkelfieber!

Lieblingsstücke für Mädchen

Inhalt

Durch Abscannen der QR-Codes auf den Inhalts-seiten kannst du dir die Videos direkt anschauen. Dieses Symbol zeigt dir, wo ein Video zur Verfü-gung steht:

Die Videos zu diesem Buch stehen im TOPP Video-Center unter www.topp-kreativ.de/videocenter nach erfolgter Registrierung zum Anschauen bereit. Den Freischalte-Code findest du im Impressum.

Auf die Häkelnadel, fertig, los!

Du möchtest gerne häkeln lernen und coole Accessoires und Klamotten kreieren, um deinen Look auf einzigartige Weise aufzupeppen? Dann bist du hier genau richtig! Hier lernst du Schritt für Schritt, wie du schicken Schmuck, stylische Mützen oder Kopfhörer mit Öhrchen ganz einfach selber häkelst. Und damit gleich jeder sieht, dass du unter die Designer gegangen bist, erfährst du in diesem Buch auch, wie du deine eigenen Labels herstellst.
Lies dir den Einführungsteil bevor du startest gut durch. Dort erhältst du wichtige Informationen zu Wolle und Grundausstattung sowie zu den unterschiedlichen Häkeltechniken. Wenn du möchtest, kannst du dir die einzelnen Techniken auch noch einmal ganz bequem per Video anschauen. Solltest du noch keine Häkelerfahrung haben, beginnst du am besten mit den etwas einfacheren Modellen und steigerst dich nach und nach. Alle Modelle sind mit einem Schwierigkeitsgrad gekennzeichnet. Außerdem gibt es zu den meisten Anleitungen hilfreiche Schrittbilder, an denen du dich beim Häkeln orientieren kannst. Die Bilder sind dabei alle mit einer Nummer gekennzeichnet, damit du immer weißt, welcher Häkelschritt auf dem Foto abgebildet ist.

Jetzt heißt es ran an die Nadel und auf geht's!
Viel Spaß wünscht dir deine

Kleine Wollkunde

Es gibt viele verschiedene Wollgarne, die aus unterschiedlichen Materialien bestehen und ganz unterschiedliche Eigenschaften haben. Manche Garne sind aus natürlichen Materialien gesponnen, wie z. B. aus Haaren vom Schaf oder Kamel oder aus Pflanzenfasern. Synthetisch hergestellte Garne sind Kunstfasern. Die meisten Wollgarne sind Mischungen aus beidem. Alle Garne bestehen aus dünnen Fasern, die in zwei oder mehr Strängen miteinander zu einem Garnstrang verdrillt sind. In einem Fachgeschäft zeigt dir die Verkäuferin sicherlich gerne alle Unterschiede.

Garnfarben

Wollgarne gibt es in allen erdenklichen Farbvarianten. Viele Garne sind einfarbig, es gibt aber auch mehrfarbige Garne. Bei meliertem Garn etwa sind zwei oder mehr Farben gemischt. Bei sogenanntem Tweedgarn haben die miteinander verdrehten Fasern unterschiedliche Farben. Bei Multicolorgarnen wechselt der ganze Garnstrang innerhalb der Lauflänge die Farbe.

Multicolorgarn

Garngemisch

Pompongarn

Effektgarne

In manche Wollgarne sind Silberfäden (wie Lurex) oder Stretchmaterialien (wie Elastan) eingesponnen. Man nennt diese Garne Effektgarne. Daneben gibt es Bouclé-, Schlingen- oder Fransengarne und sogar Garne mit Pompons. Diese Effektgarne muss man meistens mit etwas größeren Häkelnadeln verarbeiten, um den Effekt gut zur Geltung zu bringen.

Fransengarn

TIPP
Im Grunde lässt sich nicht nur Wolle verhäkeln, sondern eigentlich alles, was aus einem langen Strang besteht, also auch Bast, Kordeln, Schmuckdraht, Sisal oder Paketschnur. Sicherlich fällt dir noch viel mehr ein. Probier's doch mal aus.

Was sagen dir die Banderolen?

Alles, was du über die Wolle wissen musst, steht auf den Banderolen, den Papierbändchen, die um die Knäuel geklebt sind. Hier ist immer vermerkt, welche Firma das Garn hergestellt hat (z. B. Schachenmayr) und wie das Garn heißt (z. B. Extra Merino Big). Garnknäuel werden in Gramm verkauft, meistens 50 g oder 100 g pro Knäuel. Die Lauflänge (z. B. „ca. 125 m") gibt an, wie lang der Faden ist, wenn du ihn vom Knäuel abwickelst.

TIPP

Hebe immer eine Banderole der Wolle, die du verarbeitet hast, zusammen mit einer Wollprobe mit den verschiedenen Farbnummern auf. So weißt du immer, wie du dein Gehäkeltes pflegen musst und kennst die genaue Farbbezeichnung, falls du Wolle nachkaufen möchtest. Klebe doch einfach beides in ein kleines Heftchen.

100% Schurwolle, virgin wool, laine vierge, scheerwol, lana virgen, lã virgem, lana vergine, ny ull, необработена вълна, uus vil, pirmlietojuma vilna, natūralioji vilna, żywa wełna, lână virgină, strižná vlna, runska volna, strižní vlna, élőgyapjú, παρθένο μαλλί

1 Die Zusammensetzung des Materials zeigt an, aus welchen unterschiedlichen Qualitäten die Wolle anteilig besteht.

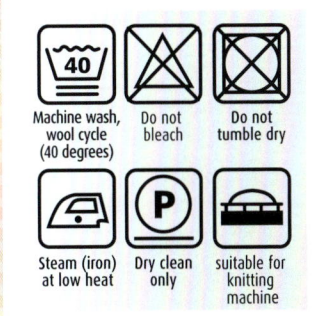

Machine wash, wool cycle (40 degrees) — Do not bleach — Do not tumble dry — Steam (iron) at low heat — Dry clean only — suitable for knitting machine

2 Die Pflegehinweise für das Garn (z. B. „Bei 40° waschen", „Nicht schleudern", „Nicht Bügeln" usw.) sagen dir, wie du dein Modell später waschen kannst.

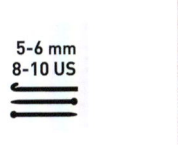

5-6 mm
8-10 US

3 Die Nadelstärke gibt an, welche Häkel- oder Stricknadelstärke zum Verarbeiten geeignet ist. Meist ist eine Spanne angegeben, z. B. 5-6. Das bedeutet, du kannst eine Häkelnadel der Stärke Nr. 5, 5,5 oder 6 verwenden, je nachdem wie fest oder locker du häkeln möchtest.

4 Die „Maschenprobe" gibt an, wie viele Maschen in der Breite und wie viele Reihen in der Höhe ein Quadrat von 10 cm x 10 cm ergeben würden. Das ist die sogenannte „Maschenprobe".

5 Das Pulloversymbol zeigt an, wie viel Gramm Wollgarn man braucht, um einen Pullover in einer bestimmten Größe zu häkeln. Meist ist Größe 40 angegeben.

Farbe
00149

6 Die Farbkodierung: Jede Farbe hat einen bestimmten Zahlencode, den der Hersteller festlegt, z. B. Farbe 00149.

7 Neben dem Farbcode steht die Partienummer. Knäuel mit derselben Partienummer stammen alle aus demselben Farbbad, in dem die Wolle gefärbt wird. Verwendest du unterschiedliche Partienummern, kann es sein, dass die Farben geringfügig voneinander abweichen. Achte also immer auf die identische Partienummer.

Partie
996

Grundausstattung

Das Werkzeug

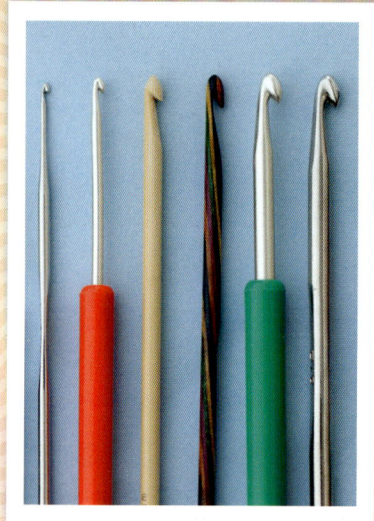

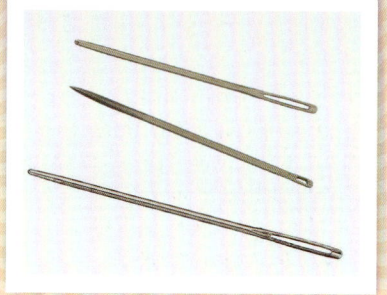

Stopf- und Sticknadeln

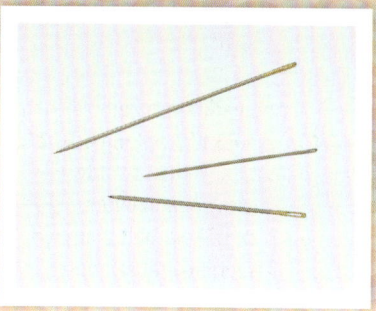

Nähnadeln

Häkelnadeln

Häkelnadeln gibt es in verschiedenen Größen und aus unterschiedlichen Materialien, ohne oder mit Griffen aus Kunststoff oder Gummi. Für den Anfang sind Häkelnadeln aus Stahl und mit Soft-Griff geeignet. Die Häkelnadelgrößen geben den Durchmesser der Häkelnadel in Millimeter an.

Stopf- oder Sticknadeln haben eine abgerundete Spitze und meistens ein großes Nadelöhr. Deswegen eignen sie sich gut zum Vernähen von Wollgarnen. Mit der runden Spitze kommst du durch die Maschenglieder, ohne versehentlich an den Fasern der Garne hängenzubleiben.

Mit Nähnadeln bringst du kleine Knöpfe und Perlen auf deiner Häkelarbeit an, da durch deren Löcher keine Stopfnadel passt.

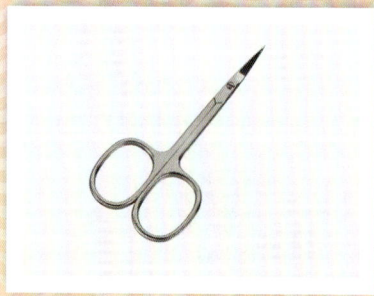

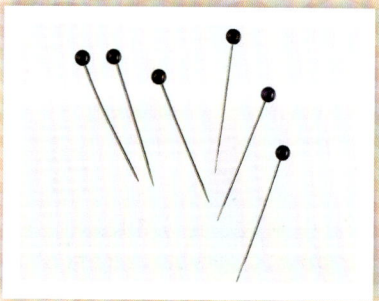

Stecknadeln

Schere

Mit einer kleinen spitzen Schere schneidest du Fäden ab. Je schärfer die Schere schneidet, desto glatter ist der Schnitt. So lassen sich die Endfäden am besten zum Vernähen auf die Nadeln fädeln.

Mit Stecknadeln fixierst du einzelne Teile deiner Häkelmodelle, während du sie zusammennähst.

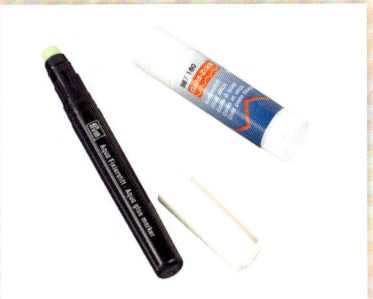

Maschenmarkierer

Mit Maschenmarkierern kennzeichnet man z. B. den Rundenanfang oder das Rundenende. Du kannst stattdessen auch nur einen Faden in einer anderen Farbe in deine Häkelarbeit einlegen und am Ende einfach rausziehen.

Sicherheitsnadel

Mit einer Sicherheitsnadel kannst du z. B. die zuletzt gearbeitete Schlinge sichern, während du dein Modell mit Füllwatte befüllst. Auch Luftmaschenketten kannst du damit stilllegen, wenn du deren Länge testest.

Textilkleber

Hiermit kannst du Häkelteile aufkleben, wenn du sie nicht annähen möchtest oder musst.

Kirschkerne, Linsen, Reis

Auch Kirschkerne, Linsen oder Reis sind gute Füllmaterialien, wenn du z. B. den Boden eines Türstoppers beschweren willst. Achte darauf, dass du mit Linsen und Reis gefüllte Modelle nicht waschen kannst. Füllst du mit Reis, müssen die Maschen sehr fein sein, sonst rutschen die Körnchen durch. Ein mit Kirschkernen gefülltes Werk kannst du waschen und sogar als Wärmekissen benutzen, wenn du es kurz in den Backofen oder in die Mikrowelle legst.

Füllwatte

Mit Füllwatte werden z. B. Kissen, Häkeltiere oder Puppen ausgestopft. Achte beim Kauf darauf, dass sie waschbar ist. Stopfe immer nur kleine Mengen in dein Modell, so lässt sich die Watte leichter in die gewünschte Form bringen.

TIPP

Während des Häkelns läuft die Wolle manchmal nur schwer vom Knäuel ab und das Häkeln wird schwieriger. Deshalb kann es manchmal hilfreich sein, vor Beginn deiner Arbeit dein Knäuel zu einem Ball zu wickeln und diesen in einer Schüssel neben dich zu stellen – dann rollt er nicht weg.

Häkeln Schritt für Schritt

Anfangsschlinge

Wickle etwa 15 cm Garn vom Knäuel ab und knote eine regulierbare Schlinge.

Nadel- und Fadenhaltung

1 Nimm die Häkelnadel in die rechte Hand (Linkshänder: linke Hand) und führe sie von rechts nach links (Linkshänder: links nach rechts) durch die Anfangsschlinge. Ziehe mit der anderen Hand am Fadenende, sodass sich die Schlinge strafft, bis sie die Häkelnadel umschließt.

2 Spanne den Faden 10 cm vom Knoten entfernt vorn um den linken Zeigefinger (Linkshänder: rechter Zeigefinger) und halte ihn mit den restlichen Fingern der gleichen Hand fest.

Zum Video
www.topp-kreativ.de/7529-1.mp4

3 Wickle den Faden einmal um den Zeigefinger. Der Abstand zur Häkelnadel sollte nicht zu groß sein.

4 Mit dem Daumen und dem Mittelfinger greifst du gleichzeitig den Fadenanfang und straffst ihn.

Luftmaschen

1 Führe die Häkelnadel durch die Anfangsschlinge.

2 Führe die Häkelnadel mit dem Haken nach oben von vorn nach hinten oben gegen den gespannten Faden, sodass er sich um die Häkelnadel legt. Das nennt man „Faden holen" bzw. „einen Umschlag" machen.

3 Ziehe die Häkelnadel zurück und drehe sie dabei so, dass der Haken nach unten zeigt. Ziehe die Schlinge durch die Anfangsschlinge hindurch. Fertig ist die Luftmasche.

4 Wiederhole Schritt 1 bis 3 und du bekommst eine Luftmaschenkette. Der um deinen Zeigefinger gewickelte Faden sollte dabei behutsam über deinen Finger laufen, während du häkelst, sodass der Abstand der beiden Hände stets annähernd gleich bleibt.

Zum Video

www.topp-kreativ.de/7529-2.mp4

11

Feste Maschen

1 Beginne mit einer beliebig langen Luftmaschenkette. Häkle eine weitere Luftmasche – das ist eine sogenannte Wendeluftmasche. Du wendest deine Arbeit an der Stelle noch nicht.

2 Führe die Häkelnadel nach unten und stich in die vorletzte Luftmasche ein. Hast du es geschafft, liegen zwei Schlingen über der Nadel und ein Maschenbogen unter der Häkelnadel.

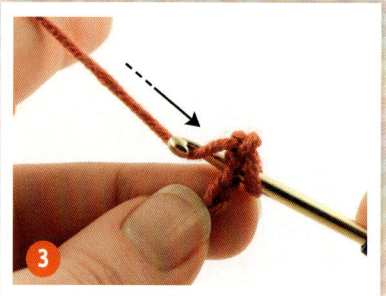 

3 Führe die Häkelnadelspitze nun nach oben und „hole" den um den Finger gewickelten Faden. Ziehe die Häkelnadel durch den Maschenbogen zurück. Die ursprüngliche Schlinge bleibt dabei immer auf deiner Häkelnadel. Du hast jetzt zwei Schlingen auf der Häkelnadel.

4 Hole den Faden erneut und ziehe ihn nun durch die beiden Schlingen (das nennt man „Abmaschen"). Fertig ist die feste Masche.

5 Wiederhole Schritt 2 bis 4, bis du am Reihenende bist. Dort machst du eine Wendeluftmasche, wendest deine Arbeit und arbeitest die nächste Reihe genauso.

Zum Video

www.topp-kreativ.de/7529-3.mp4

Kettmaschen

Kettmaschen brauchst du manchmal, um eine Häkelrunde zu beenden. Kettmaschen arbeitest du wie feste Maschen, nur dass du den Faden beim ersten Mal „holen" nicht nur durch deine durchstochene Masche zurückziehst, sondern auch gleich noch mit durch die Schlinge, die auf deiner Häkelnadel liegt.

Zum Video
www.topp-kreativ.de/7529-4.mp4

Halbe Stäbchen

1-2

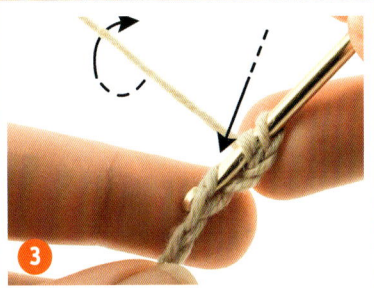
3

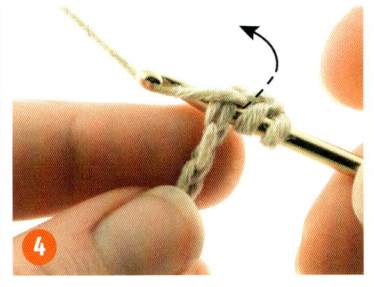
4

1 Beginne mit einer Anfangsschlinge und häkle eine Luftmaschenkette. Am Ende häkelst du bei halben Stäbchen immer 2 Wendeluftmaschen, wendest aber noch nicht.

2 Führe die Häkelnadel von vorn unten nach hinten oben um den gestrafften Faden. Du hast jetzt einen sogenannten „Umschlag" auf der Nadel.

3 Führe die Häkelnadel nach unten und stich in die Luftmasche vor den Wendeluftmaschen ein. Jetzt liegen zwei Schlingen über der Nadel und ein Maschenbogen unter der Häkelnadel.

4 Hole erneut den Faden und ziehe ihn durch die durchstochene Masche hindurch. Jetzt hast du insgesamt drei Schlingen auf der Häkelnadel.

Zum Video
www.topp-kreativ.de/7529-5.mp4

5

5

6

5 Die drei Schlingen maschst du zusammen ab, indem du den Faden erneut holst und durch alle drei Schlingen hindurchziehst. Fertig ist das halbe Stäbchen.

6 Der Faden auf der Nadel ist deine neue Schlinge. Arbeite die Reihe genauso weiter, häkle am Ende 2 Wendeluftmaschen und wende deine Arbeit. Die nächste Reihe arbeitest du genauso.

Stäbchen

1 Beginne mit einer Anfangsschlinge und einer Luftmaschenkette. Am Ende häkelst du beim Arbeiten mit Stäbchen 3 Wendeluftmaschen, wendest deine Arbeit aber nicht.

2 Führe die Häkelnadel von vorn unten nach hinten oben um den gestrafften Faden. Du hast nun einen „Umschlag" auf der Nadel.

3 Nun führst du die Häkelnadel nach unten und stichst in die letzte Luftmasche vor den Wendeluftmaschen ein. Jetzt liegen oben zwei Maschenbogen und unterhalb der Häkelnadel ein Maschenbogen.

4 Hole erneut den Faden und ziehe ihn zunächst nur durch die durchstochene Masche. Jetzt hast du drei Schlingen auf der Häkelnadel.

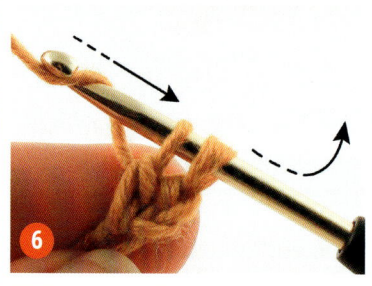

5 Die beiden ersten Schlingen (von der Häkelnadelspitze aus gezählt) maschst du zusammen ab, indem du den Faden erneut holst und durch die zwei Schlingen ziehst.

6 Der Faden bildet jetzt eine neue Schlinge und du hast nun wieder zwei Schlingen auf der Häkelnadel. Hole erneut den Faden und ziehe ihn durch diese beiden Schlingen hindurch. Fertig ist das Stäbchen. Der Faden, den du geholt hast, ist deine neue Schlinge.

7 Arbeite die Reihe weiter, häkle am Ende 3 Wendeluftmaschen und wende deine Arbeit. Die nächste Reihe arbeitest du genauso.

Zum Video

www.topp-kreativ.de/7529-6.mp4

14

Doppelstäbchen

1 Beginne mit einer Anfangsschlinge und einer Luftmaschenkette. Am Ende häkelst du bei Doppelstäbchen stets 4 Wendeluftmaschen, wendest die Arbeit aber nicht.

2 Führe die Häkelnadel von vorn unten nach hinten oben um den gestrafften Faden. Du hast nun einen „Umschlag" auf der Nadel.

3 Wiederhole Schritt 2, sodass du einen zweiten „Umschlag" hast.

4 Führe die Häkelnadel nach unten und stich in die letzte Luftmasche vor den Wendeluftmaschen ein. Oben liegen nun zwei Maschenbogen und unterhalb der Häkelnadel ein Maschenbogen.

5 Hole den Faden und ziehe ihn durch die durchstochene Masche hindurch. Jetzt hast du insgesamt vier Schlingen auf der Häkelnadel liegen.

6 Die beiden ersten Schlingen (von der Häkelnadelspitze aus gezählt) maschst du zusammen ab, indem du den Faden erneut holst und durch die beiden Schlingen hindurchziehst.

7 Nun hast du drei Schlingen auf der Häkelnadel. Hole den Faden erneut und ziehe ihn nur durch die beiden nächsten Schlingen hindurch. Der geholte Faden bildet wieder eine neue Schlinge und du hast zwei Schlingen auf der Häkelnadel.

8 Hole ein letztes Mal den Faden und masche auch diese beiden Schlingen ab, indem du den Faden durch die zwei Schlingen ziehst. Fertig ist das Doppelstäbchen. Der Faden, den du geholt hast, ist die Schlinge, mit der du weiterarbeitest.

9 Arbeite die Reihe weiter, häkle am Ende 4 Wendeluftmaschen und wende deine Arbeit. Die nächste Reihe arbeitest du genauso.

Zum Video

www.topp-kreativ.de/7529-7.mp4

Maschen zunehmen

Wenn du eine „Zunahme" häkelst, arbeitest du einfach zwei der beschriebenen Maschenarten in den gleichen Luftmaschenbogen der Vorrunde. Wenn du beim Formen häkeln zunehmen willst, häkelst du am Ende oder Anfang einer Reihe noch einige Luftmaschen zusätzlich zu den Wendeluftmaschen, um die Reihe zu verlängern. Wenn du die Reihe zurückarbeitest, häkelst du auch Maschen in die neuen Luftmaschenbogen.

Zum Video
www.topp-kreativ.de/7529-8.mp4

Maschen abnehmen

Zum Video
www.topp-kreativ.de/7529-9.mp4

Wenn du eine „Abnahme" häkelst, arbeitest du eine Masche, behältst die zwei (oder mehr) Schlingen vor dem Abmaschen auf der Nadel und arbeitest schon die nächste Masche. Dann holst du den Faden und ziehst ihn durch alle Schlingen durch, die noch auf der Häkelnadel liegen. Wenn du beim Formen häkeln abnehmen willst, häkelst du die Maschenbogen am Ende der Vorreihe nicht, sondern arbeitest an der entsprechenden Stelle deine Wendeluftmasche und wendest die Arbeit schon früher. Wenn du am Reihenanfang Maschen überspringen willst, arbeitest du in die Maschenbogen der Vorrunde Kettmaschen bis zu der Stelle, an der du weiterhäkeln willst.

Magic Loop

Der Magic Loop ist ein guter Anfang für alle runden Häkelarbeiten, weil du die Mitte nachträglich enger oder weiter ziehen kannst. Bei Modellen, die gefüllt werden sollten, oder die im Ursprung rund sind, beginnt man meist mit einem Magic Loop.

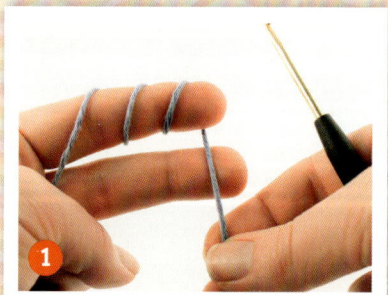

1 Lege den Faden dreimal um den Zeigefinger. Dabei liegt das Fadenende in Richtung deiner Fingerspitze. Halte es mit Daumen und Mittelfinger fest.

2 Führe die Häkelnadel von der Fingerspitze zur Hand durch alle drei Schlingen und ziehe den hinteren Faden durch die beiden anderen hindurch. Fertig ist die Anfangsschlinge.

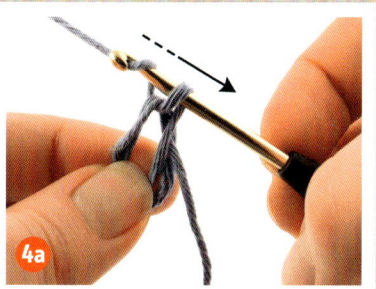

3 Schiebe die restlichen zwei Schlingen von deinem Zeigefinger und halte sie mit Daumen und Mittelfinger fest. Die Häkelnadel steckt weiter in der Anfangsschlinge.

4 Wickle den Faden um deinen Zeigefinger, hole den Faden und ziehe ihn durch die Schlinge auf der Häkelnadel.

5 Häkle die Maschen nun immer durch das Loch in der Mitte. Bei festen Maschen kannst du einfach draufloshäkeln. Bei halben Stäbchen, Stäbchen oder Doppelstäbchen häkelst du am Rundenbeginn jeweils eine Luftmaschenkette in der Höhe der Maschenart, also 2 Luftmaschen bei halben Stäbchen, 3 Luftmaschen bei Stäbchen und 4 Luftmaschen bei Doppelstäbchen. Nach der Luftmaschenkette häkelst du die Maschen wie angegeben durch die Mitte des Magic Loops.

6 Hast du alle Maschen gehäkelt, verbindest du die letzte Schlinge auf deiner Häkelnadel mit einer Kettmasche durch die oberste deiner Luftmaschenkette vom Rundenanfang.

7 Ziehe am Anfangsfaden und das Loch in der Mitte deines Magic Loops schließt sich.

Zum Video

www.topp-kreativ.de/7529-10.mp4

Rundenbeginn mit Luftmaschenkette

Zum Video
www.topp-kreativ.de/7529-11.mp4

Der Rundenanfang aus einer Luftmaschenkette ist nicht flexibel regulierbar. Du brauchst ihn für schlauchige Arbeiten oder Blümchen, die in der Mitte offen sein sollen.

1 Häkle eine Luftmaschenkette und verbinde die erste und die letzte Luftmasche mit einer Kettmasche. Achte darauf, dass beim Zusammenhäkeln die Luftmaschenkette nicht verdreht ist.

2 In den so entstandenen Ring häkelst du alle weiteren Maschen. Auch hier beginnen die Runden immer mit einer Luftmaschenkette, die der Höhe der Maschen entspricht (siehe Magic Loop, Schritt 5), und enden mit einer Kettmasche am Rundenende.

Häkeln in gleichmäßigen Runden

Beim Häkeln in gleichmäßigen Runden beginnst du mit einem Magic Loop oder einer Luftmaschenkette. Dann häkelst du jeweils eine Runde um die Mitte und verbindest deine letzte Schlinge und die erste Masche mit einer Kettmasche. Dann beginnst du die nächste Runde auf die immer gleiche Weise. Bei halben Stäbchen, Stäbchen oder Doppelstäbchen ist dein Rundenbeginn jeweils eine Luftmaschenkette in der Höhe der Maschenart, also 2 Luftmaschen bei halben Stäbchen, 3 Luftmaschen bei Stäbchen und 4 Luftmaschen bei Doppelstäbchen.

Zum Video
www.topp-kreativ.de/7529-12.mp4

Häkeln in Spiralrunden

Beim Häkeln in Spiralrunden beginnst du mit einem Magic Loop oder einer Luftmaschenkette. Dann häkelst du deine Maschen immer in die Maschenbogen der Vorrunde. Um den Rundenanfang zu markieren, legst du dir einen Faden in einer anderen Farbe in deine Arbeit ein.

Zum Video
www.topp-kreativ.de/7529-13.mp4

Überwendlingsstich

Mit dem Überwendlingsstich nähst du Häkelteile zusammen oder verzierst Kanten deiner Arbeit. Dabei stichst du immer von unten nach oben durch ein oder mehrere Häkelteile und führst die Nadel dann wieder so, dass du erneut von unten nach oben stichst.

Heftstich

Mit dem Heftstich kannst du zwei flache Teile miteinander verbinden oder auch Zierkanten sticken. Stich von unten nach oben durch ein oder zwei Häkelteile und straffe den Faden. Stich ein bis zwei Maschen weiter vorn von oben nach unten durch die Arbeit und straffe den Faden. Wieder ein bis zwei Maschen weiter führst du den Faden erneut von unten nach oben usw. Am Ende vernähst du Anfangs- und Endfaden, indem du einige Male auf der Stelle durch zwei Maschen nähst.

Knopf annähen

Fädle einen Faden auf eine Stopf- oder Nähnadel und verknote das Fadenende. Stich von hinten durch das Häkelteil und eines der Knopflöcher. Straffe den Faden und führe ihn durch das andere Knopfloch wieder nach hinten. Das wiederholst du einige Male und vernähst dann die Fadenenden (siehe Heftstich).

Häkelteile nass spannen

Um Häkelteile zu glätten, werden sie nass gespannt. Lege ein großes altes Handtuch dreifach zusammen. Lege dein Häkelteil darauf und fixiere es an den Rändern mit Stecknadeln, die du tief ins Handtuch stichst. Besprühe das Gehäkelte mit dem Blumensprüher, bis es relativ nass ist. Dann lässt du alles gut trocknen und entfernst die Nadeln.

Wie mache ich mein eigenes Label?

Ein eigen gestaltetes Label ist die Krönung für jeden Häkel-
fan und seine selbstgehäkelten Klamotten und Accessoires.
Bevor du im Internet teure Schilder kreierst und gedruckt
bestellst, kannst du hier nachlesen, wie einfach und günstig
du das auch selber machen kannst!

Für dein eigenes Label brauchst du folgende Materialien:

🌀 Schere

🌀 Bügeleisen

🌀 Körperband, Stoff, einfarbiges Webband
oder Schrägband aus Baumwolle

🌀 Thermotransferfolie in Transparent oder
Weiß für helle Textilien

🌀 ggf. Computer und Drucker oder Filzstifte

🌀 einen Spiegel

🌀 Nähnadel und Nähgarn zum Annähen

1 Überlege dir als Erstes, wie dein Labelschild aussehen
soll. Möchtest du ein Logo kreieren? Soll es nur ein Schriftzug
sein? Und wenn ja: Soll dein Name darauf stehen? Oder dein
Spitzname? Oder häkelst du vielleicht ein Geschenk für deine
beste Freundin und möchtest auf das Label eine Botschaft
schreiben? Je nachdem, wie geübt du im Umgang mit dem
Computer bist, kannst du deine Labels entweder am Rech-
ner oder von Hand gestalten. In jedem Fall solltest du dein
gewähltes Verfahren aber zuerst auf einem Stück Papier üben,
bevor du dich an die eigentlichen Schilder wagst. So vermei-
dest du unnötigen Fehlverbrauch von der Thermotransferfolie.

2 Wenn du schon einmal mit einem Grafikprogramm gearbeitet hast, weißt du, dass dir unzählige Schriftarten und
Mittel zur Verfügung stehen. Achte jedoch immer darauf, dass
du deine Schriftzüge, Botschaften, Symbole oder Zeichnun-
gen spiegelverkehrt ausdruckst. Solltest du dir dabei unsicher
sein, dann bitte einen Erwachsenen, dir hierbei zu helfen.

3 Wenn du dein Label per Hand designen möchtest, kannst
du deinen Schriftzug bzw. deine Zeichnung direkt mit Filzstiften oder einem Fineliner auf die Thermotransferfolie
übertragen. Um die Folie nicht zu beschädigen, solltest du
nicht allzu stark mit dem Stift aufdrücken. Auch bei dieser
Methode musst du deine Botschaft spiegelverkehrt auf die
Folie setzen. Wenn dir spiegelverkehrt schreiben schwerfällt,
kannst du einen kleinen Spiegel senkrecht auf das Papier
stellen und dich beim Schreiben oder Zeichnen am Spiegel-
bild orientieren. Am besten übst du dies zuvor auf normalem
Papier, bevor du die richtige Folie nutzt.

4 Sobald du dein Label ausgedruckt bzw. bemalt hast, schneidest du es zu einem Streifen zurecht und legst die Folie mit der Farbseite nach unten auf ein Stück Web-, Schräg- oder Baumwollband.

6 Nun kannst du das Band auf eine beliebige Größe zuschneiden oder du nähst es direkt auf. Bedenke, dass ein Label, welches um eine Kante genäht wird, stets doppelt so lang wie dein Logo oder Schriftzug sein sollte. Du kannst das Band auch direkt auf dein Häkelstück nähen, indem du rundherum mit kleinen Nadelstichen entlang der Außenkante arbeitest.

5 Stelle das Bügeleisen auf die vom Folienhersteller empfohlene Temperatur und bügle einige Male mit etwas Druck über die Folienrückseite. Wenn du das Papier jetzt abziehst, hat sich deine Kreation auf das Band übertragen.

TIPP
Schau doch mal in deinen Kleiderschrank und suche nach Klamotten, an die ebenfalls ein Label genäht ist – vielleicht fallen dir noch mehr Varianten zum Annähen auf.

✴

Schmückendes

Abwechslung muss sein! Getreu
diesem Motto findest du in diesem
Kapitel viele verschiedene Accessoires,
mit denen du je nach Stimmung ganz
einfach und schnell dein Tagesoutfit
pimpen kannst. Wie wäre es mit einer
schönen Brosche und Ringen passend
zu deinem Lieblingspulli, lustigen
Stimmungsanzeigern für deine neuen
Schuhe oder eine trendy Tragetasche
im Seemannslook? Hier wirst du
garantiert fündig!

✴

Armbänder mit Botschaft

GRÖSSE: 15 cm x 2 cm

MATERIAL

- Crazy
  Rest Schachenmayr original Cotton Time in Violett (Fb 00049)
  Rest Schachenmayr original Cotton Time in Rot (Fb 00030)

- Moustache
  Rest Schachenmayr original Cotton Time in Rosa (Fb 00035)
  Rest Schachenmayr original Cotton Time in Rot (Fb 00030)

- Lucky
  Rest Schachenmayr original Cotton Time in Türkis (Fb 00066)
  Rest Schachenmayr original Cotton Time in Rosa (Fb 00035)

- Material für 1 Labelschild
- 1 Knopf, ø 2,3 cm
- Häkelnadel Nr. 4
- Schere
- Stopfnadel
- Nähnadel und Nähgarn

WAS DU HIER ÜBEN KANNST:
Luftmaschen, feste Maschen

1 Schlage 27 Luftmaschen an und häkle die Reihe anschließend mit festen Maschen zurück.

2 Mache am Ende 1 Wendeluftmasche und wende deine Arbeit.

3 Jetzt häkelst du die gesamte Reihe wieder mit festen Maschen zurück.

4 Wiederhole Schritt 2 und 3 noch 2x, bis du insgesamt 4 Reihen gehäkelt hast.

5 Knote nun den Faden in der anderen Farbe an und häkle erneut die ganze Reihe mit festen Maschen. Am Reihenende machst du für das Knopfloch 7 Luftmaschen und führst die Luftmaschenkette dann zur unteren Kante deines gehäkelten Streifens. Dort häkelst du einfach weiter und schließt damit die Luftmaschenkette an.

6 Häkle nun entlang der unteren Kante die gesamte Reihe mit festen Maschen. Am Ende schneidest du den Faden 15 cm von der Häkelnadel entfernt ab und ziehst die letzte Schlinge lang, bis das Fadenende durchrutscht. Vernähe alle Fäden mit der Stopfnadel.

7 Nähe mit Garn und Nadel den Knopf auf der gegenüberliegenden Seite des Knopflochs an.

8 Zum Schluss stellst du noch ein Labelschild mit deiner Botschaft her (siehe Seite 20-21). Lege es mittig auf das Armband und nähe es rundherum mit kleinen Überwendlingsstichen an.

TIPP

Dieses Armband ist auch ein cooles Geschenk für Freunde. Denke dir noch weitere Botschaften oder coole Sprüche aus oder häkle zwei Armbänder mit dem Schriftzug „best friends" für dich und deine Freundin.

Gewappnet für den Sommer

GRÖSSE: 35/36

MATERIAL

- Rest Schachenmayr original Micro Grande in Kiwi (Fb 00172)
- Rest Schachenmayr original Micro Grande in Orchidee (Fb 00148)
- 1 Paar Flip-Flops in Pink
- 2 Holzkugeln in Weiß, ca. ø 8 mm
- Häkelnadel Nr. 3,5
- Schere
- Stopfnadel
- Nähnadel und Nähgarn

WAS DU HIER ÜBEN KANNST:
Luftmaschen, Kettmaschen, feste Maschen, Stäbchen

1 Knote einen Faden in Kiwi links vom Zehentrenner fest um das Riemchen des Flip-Flops.

2 Führe die Häkelnadel unter dem Riemchen durch und hole den Faden um das Riemchen nach oben. Nun hast du eine Schlinge auf der Häkelnadel, holst wie gewohnt den Faden und ziehst ihn durch die Schlinge.

3 Jetzt häkelst du feste Maschen um das Riemchen. Den Faden holst du dabei wie in Schritt 2 beschrieben und maschst dann die beiden Schlingen ab. Wiederhole diesen Schritt so oft, bis das ganze Riemchen eingehäkelt ist. Dabei kann es sein, dass deine Schlingen nicht auf Anhieb so dicht nebeneinander liegen, als dass sie das Riemchen bedecken. Das macht aber nichts, denn du kannst die Schlingen und die sichtbare Maschenkante später mit dem Fingernagel etwas zusammenschieben.

4 Schneide den Faden 15 cm vom Knäuel entfernt ab und ziehe die letzte Schlinge lang, bis das Fadenende durchrutscht. Vernähe die Fadenenden oder verklebe sie an der Unterseite des Riemchens. Danach umhäkelst du das Riemchen rechts vom Zehentrenner.

5 Zum Schluss häkelst du aus Garn in Orchidee ein Blümchen wie auf Seite 42-43 beschrieben und nähst es mit einigen Stichen auf.

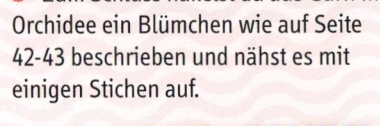

TIPP

Anstatt die Riemchen zu umhäkeln, kannst du auch etwas
Klebstoff auftragen und die
Riemen mit dem Garn dicht um-
wickeln. Die Blümchen kannst
du trotzdem häkeln
und aufnähen.

Niedliche Broschen

GRÖSSE: ca. 5 cm x 6 cm

MATERIAL

- **Katze in Rot**
  Rest Schachenmayr original Catania in Erdbeere (Fb 00258)

  Rest Schachenmayr original Catania in Phlox (Fb 00282)

  2 Rocailles in Schwarz, ø 2 mm

  2 Pailletten in Weiß, ø 5 mm

  Filzrest in Pink

- **Katze in Grün**
  Rest Schachenmayr original Catania in Anis (Fb 00245)

  Rest Schachenmayr original Catania in Phlox (Fb 00282)

  2 Rocailles in Schwarz, ø 2 mm

  2 Pailletten in Weiß, ø 5 mm

  Filzrest in Hellgrün

- **Katze in Orange**
  Rest Schachenmayr original Catania in Orangelachs (Fb 00386)

  Rest Schachenmayr original Catania in Phlox (Fb 00282)

  2 Rocailles in Schwarz, ø 2 mm

  2 Pailletten in Weiß, ø 5 mm

  Filzrest in Haut

- **Eule**
  Rest Schachenmayr original Catania in Violett (Fb 00113)

  Rest Schachenmayr original Catania in Erdbeere (Fb 00258)

  Rest Schachenmayr original Catania in Natur (Fb 00105)

  Rest Schachenmayr original Catania in Jaffa (Fb 00189)

  2 Rocailles in Schwarz, ø 2 mm

  Filzrest in Pink

- 1 Broschennadel, 3 cm lang
- Häkelnadel Nr. 3
- Schere
- Stopfnadel
- Klebstoff

WAS DU HIER ÜBEN KANNST:

Magic Loop, Luftmaschen, Kettmaschen, feste Maschen, Stäbchen

Katze

1 Beginne mit einem Magic Loop und häkle 3 Luftmaschen und 11 Stäbchen hinein.

2 Ziehe vorsichtig am Faden, um den Magic Loop zu schließen. Verbinde die letzte Masche und die oberste Luftmasche vom Rundenanfang mit 1 Kettmasche.

3 Häkle 3 Luftmaschen und danach 1 Stäbchen in den ersten Maschenbogen der Vorrunde. Dann häkelst du in die folgenden 11 Maschenbogen der Vorrunde jeweils 2 Stäbchen und schließt die Runde mit 1 Kettmasche in die oberste Luftmasche vom Rundenanfang.

4 Mache 1 Wendeluftmasche und wende deine Arbeit. Häkle anschließend je 1 Stäbchen in die nächsten 9 Maschenbogen der Vorrunde.

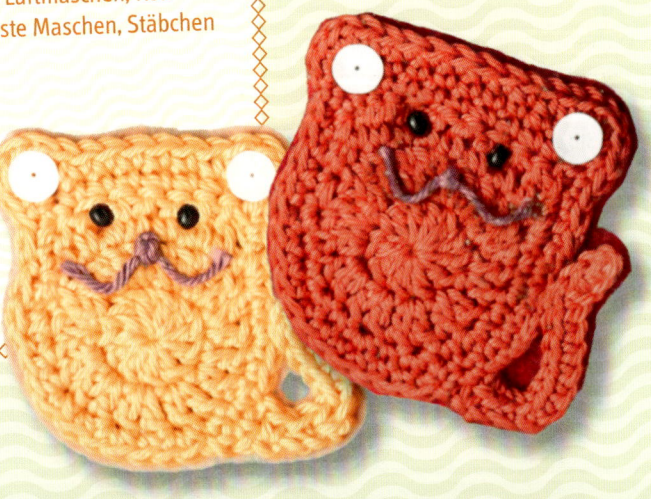

7 Häkle 4 Luftmaschen und verbinde die 4. und die 1. Luftmasche mit 1 festen Masche.

8 Häkle entlang der Kante der Stäbchen in jeden Maschenbogen 1 feste Masche. Am Ende der Reihe machst du wieder 4 Luftmaschen und verbindest die 4. Luftmasche mit der 1. Luftmasche, indem du 1 feste Masche häkelst.

9 Häkle in jeden Maschenbogen der Vorrunde 1 feste Masche. Wenn du seitlich am unteren Bogen angekommen bist, häkelst du den Schwanz. Schlage dafür 13 Luftmaschen an und häkle die Reihe mit festen Maschen zurück, bis du wieder am Körper angelangt bist.

10 Häkle weiter mit festen Maschen am Körper entlang, bis du den kleinen Bogen im oberen Teil erreichst, den du aus 4 Luftmaschen erstellt hast. Häkle jeweils 4 feste Maschen in den Bogen – das gibt das erste Öhrchen.

11 Häkle mit festen Maschen weiter, bis du beim zweiten Bogen angekommen bist. Das zweite Öhrchen arbeitest du wie das erste.

12 Schneide den Faden 15 cm vom Knäuel entfernt ab und ziehe die letzte Schlinge lang, bis das Fadenende durchrutscht. Vernähe alle Fäden.

AUF DER NÄCHSTEN SEITE GEHT'S WEITER

5 Häkle 2 feste Maschen seitlich in das zuletzt gehäkelte Stäbchen (senkrecht nach unten). Du bist nun wieder auf der Höhe des Kreises. Dort häkelst du in jeden Maschenbogen 1 feste Masche. In jeden 2. Maschenbogen häkelst du jeweils 2 feste Maschen. Häkle auf diese Weise rundherum, bis du wieder bei der Kante mit den Stäbchen angekommen bist.

6 Häkle erneut 2 feste Maschen seitlich in das Stäbchen (dieses Mal nach oben). Dann bist du bei der oberen Kante der Stäbchen angelangt.

Eule

1 Die Eule häkelst du genau wie die Katze. Beginne mit Schritt 1-3 und knote dann die zweite Farbe an. Anschließend häkelst du in der neuen Farbe weiter.

2 Häkle wie in Schritt 4-9 beschrieben weiter. Die Eule bekommt aber keinen Schwanz.

3 Jetzt häkelst du wie in Schritt 10-12 bei der Katze beschrieben weiter.

4 Dann fertigst du die Augen an. Häkle dafür pro Auge Schritt 1 und 2 von der Katze mit dem Garn in Weiß und vernähe die Fäden. Die 2 entstandenen Kreise klebst du mit Klebstoff auf.

5 Für den Schnabel nähst du mit einem Garnrest unterhalb der Augenkreise einige Male auf der Stelle. Die Fäden werden auf der Rückseite vernäht.

Ausarbeitung

1 Klebe dein Tierchen auf farblich passenden Filz und schneide es knapp an der Kante einmal rundherum aus.

2 Klebe die Rocailles bzw. Pailetten an die entsprechenden Stellen als Augen und Ohren auf. Für das Katzenschnäuzchen machst du einen Doppelknoten in einen Garnrest, schneidest die Enden kurz und klebst den Faden als Mund auf.

3 Zum Schluss klebst du einen kleinen Filzrest auf die Rückseite der aufgeklappten Broschennadel.

TIPP
Du kannst die Katzen und Eulen auch auf Ordner oder Taschen aufkleben und diese damit verzieren.

Ahoi, Matrosen!

GRÖSSE: 30 cm x 35 cm

MATERIAL

- Schachenmayr original Catania Grande in Hellblau (Fb 03173), 150 g
- Schachenmayr original Catania Grande in Regatta (Fb 03261), 100 g
- Schachenmayr original Catania Grande in Jeans (Fb 03161), 50 g
- Schachenmayr original Catania Grande in Capri (Fb 03284), 50 g
- Rest Schachenmayr original Catania Grande in Signalrot (Fb 03115)
- 4 Buchstaben zum Aufbügeln (A, H, O, I) in Weiß , ca. 5-6 cm hoch
- 1 Knopf in Rot, ca. ø 2,5 cm
- Häkelnadel Nr. 5
- Schere
- Stopfnadel
- Nähnadel und Nähgarn
- 2 Sicherheitsnadeln
- Klebstoff
- Geschirrtuch
- Bügeleisen

WAS DU HIER ÜBEN KANNST:

Luftmaschen, Kettmaschen, feste Maschen, Stäbchen, halbe Stäbchen

1 Schlage 90 Luftmaschen in Hellblau an.

2 Verbinde die erste und die letzte Luftmasche mit 1 Kettmasche, sodass ein Ring entsteht. Achte dabei darauf, dass die Luftmaschenkette nicht in sich verdreht ist.

3 Runde 1: Häkle 3 Luftmaschen und anschließend in jede Luftmasche der Luftmaschenkette 1 Stäbchen. Am Ende der Runde verbindest du deine letzte Schlinge und die obere der 3 Luftmaschen vom Rundenanfang mit 1 Kettmasche.

4 Runde 2: Wiederhole Schritt 3.

5 Runde 3: Häkle erneut 3 Luftmaschen und anschließend jeweils 1 Stäbchen in die nächsten 3 Maschenbogen der Vorrunde. In die folgenden 6 Maschenbogen häkelst du jeweils 1 halbes Stäbchen. Dann häkelst du in die nächsten 4 Maschenbogen je 1 feste Masche und in den darauf folgenden 1 halbes Stäbchen.

6 Jetzt häkelst du nach folgendem Grundmuster weiter: 4 Stäbchen, 1 halbes Stäbchen, 4 feste Maschen, 1 halbes Stäbchen. Wiederhole diese Abfolge nun fortlaufend bis zum Rundenende. Schließe die Runde mit 1 Kettmasche wie in Schritt 3 beschrieben.

7 Runde 4: Häkle das Grundmuster in umgekehrter Reihenfolge, also 4 feste Maschen, 1 halbes Stäbchen, 4 Stäbchen und 1 halbes Stäbchen. Schließe die Runde mit 1 Kettmasche in die 1. feste Masche der Runde.

8 Runde 5-12: Häkle die folgenden Runden im Grundmuster, also Runde 3 und 4 im Wechsel.

9 Runde 13: Knote einen Faden in Capri an und häkle weiter im Grundmuster.

10 Runde 14: Nimm wieder den Faden in Hellblau auf und arbeite die Runde entsprechend des Grundmusters.

11 Runde 15-19: Häkle im Grundmuster mit dem Garn in Capri.

12 Runde 20: Knote das Garn in Regatta an und häkle die Runde im Grundmuster.

13 Runde 21: Diese Runde häkelst du entsprechend des Musters mit dem Garn in Capri.

14 Runde 22-29: Diese Runden häkelst du entsprechend des Musters mit dem Garn in Regatta.

15 Runde 30: Arbeite 1 Runde im Grundmuster mit dem Garn in Jeans.

16 Runde 31: Häkle 1 Runde im Grundmuster in der Farbe Regatta.

17 Runde 32-35: Häkle im Grundmuster mit dem Garn in Jeans.

18 Runde 36: Häkle in jeden Maschenbogen der Vorrunde 1 Stäbchen. Das letzte Stäbchen schließt du mit 1 Kettmasche an den Rundenanfang an.

19 Um den Beutel zu verschließen, legst du den entstandenen Schlauch passgenau übereinander. Dann verbindest du die gegenüberliegenden Maschenglieder mit Kettmaschen, bis die Kante geschlossen ist. Schneide den Faden 15 cm vom Knäuel entfernt ab und ziehe die letzte Schlinge lang, bis das Fadenende durchrutscht. Vernähe alle Fäden.

AUF DER NÄCHSTEN SEITE GEHT'S WEITER

Riemen

1 Schlage 140 Luftmaschen in Hellblau an und häkle die Reihe mit festen Maschen zurück. Am Ende wendest du mit 1 Wendeluftmasche und häkelst 1 weitere Reihe mit festen Maschen. Arbeite 2 weitere Reihen mit festen Maschen. Dann schneidest du den Faden 15 cm vom Knäuel entfernt ab und ziehst die letzte Schlinge lang, bis das Fadenende durchrutscht. Vernähe alle Fäden.

2 Nähe den Riemen mithilfe einer Stopfnadel und einem Faden in Jeans an den Seiten der Tasche fest. Achte dabei darauf, dass der Riemen nicht in sich verdreht ist. Versuche, ein hübsches Quadrat mit Kreuz zu nähen, wie es für Taschen typisch ist. In welcher Höhe du den Riemen annähst bzw. wieviel vom Riemenende jeweils links und rechts übersteht, hängt ein bisschen davon ab, wie groß du bist. Lege den Riemen deshalb vor dem Annähen über deine Schulter und befestige die Tasche probehalber mit Sicherheitsnadeln in der richtigen Höhe. Dort, wo die Sicherheitsnadeln stecken, nähst du das Quadrat.

Anker

1 Schlage 7 Luftmaschen an. Verbinde die Kette zu einem Ring, indem du die letzte Luftmasche mit 1 Kettmasche an die erste Luftmasche anschließt. Nun häkelst du 14 feste Maschen in den Ring. Die erste und die letzte feste Masche verbindest du wieder mit 1 Kettmasche.

2 Häkle 7 Luftmaschen. Stich in die 6. Luftmasche ein und häkle 1 feste Masche. Häkle auch in die nächsten 2 Luftmaschen je 1 feste Masche. Dann machst du 14 Luftmaschen.

3 Stich in die 13. Luftmasche ein und häkle 1 feste Masche. Anschließend häkelst du noch 7 weitere feste Maschen in die folgenden Luftmaschen und danach 9 Luftmaschen.

4 Stich in die 8. Luftmasche ein und häkle 1 feste Masche. Ebenso arbeitest du in die 7 folgenden Luftmaschen je 1 feste Masche. Jetzt bist du an einer Kreuzung angelangt, an der eine kleine Luftmaschenkette abbiegt. Häkle 1 Kettmasche in die Kreuzung. Danach häkelst du entlang der Luftmaschenkette 5 feste Maschen.

5 Häkle 4 Luftmaschen, stich in die 3. Luftmasche ein und häkle rund um den gesamten Anker feste Maschen, bis du wieder am Ursprung bist. Dort ist wieder eine Kreuzung, in die du einstichst und 1 Kettmasche machst. Häkle in die Luftmaschen, die zurück zum Kreis führen, feste Maschen und anschließend 1 Kettmasche an das Maschenglied am Kreis. Schneide den

Faden 15 cm vom Knäuel entfernt ab und ziehe die letzte Schlinge lang, bis das Fadenende durchrutscht. Vernähe alle Fäden.

Ausarbeitung

Lege die Buchstaben und den Knopf sowie den Anker so auf den Beutel, wie es dir am besten gefällt. Bügle die Buchstaben mit einem Tuch dazwischen gemäß Herstellerangabe auf. Den Knopf nähst du mit Nähgarn und Faden fest. Den Anker biegst du etwas zurecht, bevor du ihn mit Klebstoff aufklebst. Wenn du wie auf dem großen Bild einen Faden vom Anker zum Buchstaben O führen möchtest, musst du den Faden vor dem Aufbügeln durch das O fädeln.

TIPP

Anfängervariante: Wenn dir das Muster zu kompliziert ist, kannst du die Tasche auch nur mit halben Stäbchen häkeln. Die Farbreihenfolge behältst du bei. Den Anker kannst du auch aus Filz ausschneiden und aufkleben.

Lustige Stimmungsanzeiger

GRÖSSE: ø 4–5 cm

MATERIAL

- Rest Schachenmayr original Catania in Apfel (Fb 00205)
- Rest Schachenmayr original Catania in Sonne (Fb 00208)
- Rest Schachenmayr original Catania in Schwarz (Fb 00110)
- selbstklebendes Klettband
- Häkelnadel Nr. 3
- Schere
- Stopfnadel
- Klebstoff

WAS DU HIER ÜBEN KANNST:

Magic Loop, feste Maschen in Runden

1 Runde 1: Beginne mit einem Magic Loop in Gelb und häkle 10 feste Maschen hinein. Ziehe anschließend am Anfangsfaden, um den Magic Loop zu schließen.

2 Runde 2: Nun häkelst du weiter in Spiralrunden, d. h. du häkelst in jeden Maschenbogen der Vorrunde je 2 feste Maschen. Lege dir dafür einen kontrastfarbenen Faden an den Rundenanfang, um ihn zu markieren. Diesen Faden versetzt du im Laufe der Runden, die jetzt folgen, immer weiter an die aktuelle Stelle, wo du arbeitest.

3 Runde 3: Häkle in jeden Maschenbogen der Vorrunde 1 feste Masche. Bei jedem 2. Maschenbogen nimmst du 1 Masche zu.

4 Runde 4: Häkle in jeden Maschenbogen der Vorrunde 1 feste Masche. Bei jedem 3. Maschenbogen nimmst du 1 Masche zu.

5 Runde 5: Häkle in jeden Maschenbogen der Vorrunde 1 feste Masche. Am Ende schneidest du den Faden 15 cm vom Knäuel entfernt ab und ziehst die letzte Schlinge lang, bis das Fadenende durchrutscht. Vernähe alle Fäden.

Ausarbeitung

1 Für die Smiley-Gesichter klebst du Garnreste in Schwarz auf. Gib für die Augen einen Klecks Klebstoff an die gewünschte Stelle, lege den Faden spiralförmig auf den Klecks und drücke ihn behutsam fest. Mit dem Mund verfährst du ebenso, lege den Faden dafür aber doppelt.

2 Klebe auf die Rückseite des Kreises ein ca. 2,5 cm x 3,5 cm großes Stück Klettband mit Widerhaken. Auf die Schuhe klebst du entsprechend der Herstellerangaben das Gegenstück des Klettbands mit den Schlaufen. Lass das Band mindestens 24 Stunden trocknen, damit es wirklich gut hält.

TIPP
Häkle dir für jede Stimmung unterschiedliche Smiley-Gesichter. Dir fallen bestimmt noch viele weitere Gesichtsausdrücke ein.

1

2

Ein Ring für jede Gelegenheit

GRÖSSE: ø 1-2,5 cm

MATERIAL

- Ring in Türkis mit Blümchen in Pink

    Rest Schachenmayr original Catania in Jade (Fb 00253)

    Rest Schachenmayr original Catania in Himbeer (Fb 00256)

    1 Knopf, ca. ø 2,5 cm

- Ring in Weiß mit Kreuz in Pink

    Rest Schachenmayr original Catania in Natur (Fb 00105)

    Rest Schachenmayr original Catania in Himbeer (Fb 00256)

    1 Knopf, ca. ø 2,5 cm

- Ring in Rosa mit Glitzerknopf

    Rest Schachenmayr original Catania in Rosa (Fb 00246)

    1 Knopf, ca. ø 2,5 cm

    1 Glitzerknopf in Blau, ca. ø 1,2 cm

- Ring in Pink mit Herz

    Rest Schachenmayr original Catania in Himbeer (Fb 00256)

    1 Knopf, ca. ø 1,8 cm

    1 kleiner Herzknopf in Rosa

- Ring in Blau mit Knopf in Pink

    Rest Schachenmayr original Catania in Jeans (Fb 00164)

    1 Knopf, ca. ø 2 cm

    1 Knopf in Pink, ca. ø 1,8 cm

- Ring in Violett mit weißem Kreuz

    Rest Schachenmayr original Catania in Violett (Fb 00113)

    Rest Schachenmayr original Catania in Natur (Fb 00105)

    1 Knopf, ca. ø 1,8 cm

- Stoffknopfring in Blau

    Schachenmayr original Catania in Jeans (Fb 00164)

    beziehbarer Knopf, ca. ø 2,5 cm

    Stoffrest

- Stoffknopfring in Türkis

    Schachenmayr original Catania in Jade (Fb 00253)

    beziehbarer Knopf, ca. ø 2,5 cm

    Stoffrest

- 1 Ringrohling, größenverstellbar
- Häkelnadel Nr. 3
- Schere
- Stopfnadel
- Klebstoff
- Hartkunststoffkleber (z. B. Uhu Hart)

WAS DU HIER ÜBEN KANNST:
Magic Loop, feste Maschen in Runden

Ringüberzug

1 Runde 1: Beginne mit einem Magic Loop in deiner Lieblingsfarbe und häkle 7 feste Maschen hinein. Ziehe behutsam am Anfangsfaden, damit sich der Magic Loop schließt.

2 Runde 2: Du häkelst nun weiter in Spiralrunden, d.h. du häkelst in jeden Maschenbogen der Vorrunde je 2 feste Maschen. Lege dir einen kontrastfarbenen Faden an den Rundenanfang, um ihn zu markieren. Versetze den Faden im Laufe der Runden dabei immer wieder an den aktuellen Rundenanfang.

3 Runde 3: Häkle in jeden Maschenbogen der Vorrunde 1 feste Masche. In jeden 2. Maschenbogen der Vorrunde häkelst du 2 feste Maschen.

4 Runde 4 und 5: Häkle in jeden Maschenbogen der Vorrunde 1 feste Masche. Umhäkelst du einen größeren Knopf wie in der Materialliste angegeben, häkelst du noch 1-2 Runden zusätzlich. Am Ende schneidest du den Faden 15 cm vom Knäuel entfernt ab und ziehst die letzte Schlinge lang, bis das Fadenende durchrutscht. Vernähe den Faden, damit der Magic Loop geschlossen bleibt.

Ring mit umhäkeltem Knopf

1 Häkle zunächst einen Kreis (siehe Ringüberzug Schritt 1-4), der ca. 0,5 cm größer ist als dein Knopf. Dann fädelst du den Faden mithilfe der Häkelnadel 1x rundherum durch die oberen Maschen der Kreiskante.

2 Lege den Knopf mittig auf den gehäkelten Kreis und ziehe am Fadenende. Dein Kreis sollte sich nun zusammenziehen und um den Knopf legen. Vernähe alle Fäden. Anschließend kannst du den Knopf besticken oder Knöpfe auf die Vorderseite nähen oder kleben.

TIPP

Entwerfe noch weitere coole Ringe – deiner Fantasie sind dabei keine Grenzen gesetzt. Du kannst zum Beispiel auch Glasmurmeln einkleben, die Ringe mit Perlen verzieren oder mit Muscheln bekleben.

Ring mit Stoffknopf

Beziehe entsprechend der Herstellerangaben einen Knopf mit Stoff. Dann häkelst du einen Kreis von 5 Runden (siehe Ringüberzug Schritt 1-4), bestreichst ihn innen mit Klebstoff und klebst den Stoffknopf mittig ein.

Ausarbeitung

Klebe den Ringrohling mit Hartkunststoffkleber auf die Rückseite des Ringes. Presse beide Teile zwischen deinen Fingern zusammen, bis der Klebstoff getrocknet ist.

Spitzenmäßiger Kragen

GRÖSSE: ca. ø 42 cm

MATERIAL

- Schachenmayr original Sun City in Pool (Fb 00265), 50 g
- 1 Knopf, ca. ø 2 cm
- Häkelnadel Nr. 3
- Schere
- Stopfnadel
- Nähnadel und Nähgarn

WAS DU HIER ÜBEN KANNST:
Luftmaschen, Kettmaschen, feste Maschen, Stäbchen

1 Schlage 93 Luftmaschen an.

2 Reihe 1: Häkle in die 86. Masche 1 Kettmasche. Das wird das Knopfloch. Anschließend häkelst du die ganze Reihe mit festen Maschen zurück.

3 Häkle am Ende der Reihe 6 Luftmaschen und wende deine Arbeit.

4 Reihe 2: Stich mit der Häkelnadel in den 4. Maschenbogen der Vorreihe und mache 1 Kettmasche. Nun häkelst du die Reihe nach demselben Schema zurück: Häkle 6 Luftmaschen und verbinde die Luftmaschenkette mit jedem 4. Maschenbogen der Vorreihe mit 1 Kettmasche.

5 Am Ende der Reihe kommst du dorthin, wo du das kleine Knopfloch

gearbeitet hast. Verbinde die 6er-Luftmaschenkette mit einer der Luftmaschen der Knopflochschlaufe. Diese Kettmasche beziehst du beim Zählen mit ein.

6 Häkle 3 Luftmaschen und wende deine Arbeit.

7 Reihe 3: Häkle 4 Stäbchen in den Luftmaschenbogen der Vorreihe. Danach häkelst du 2 Luftmaschen und wieder 4 Stäbchen in den nächsten Luftmaschenbogen. Das Ganze wiederholst du bis zum Ende der Reihe.

8 Häkle nach dem letzten Stäbchen 3 Luftmaschen und verbinde sie mit 1 Kettmasche mit dem Ende der Reihe.

9 Häkle 4 Luftmaschen und wende deine Arbeit.

10 Reihe 4: Befestige die 4er-Luftmaschenkette mit 1 festen Masche an den Stäbchen, indem du zwischen dem 2. und dem 3. Stäbchen der Vorreihe einstichst.

11 Häkle erneut 4 Luftmaschen und befestige sie mit 1 festen Masche in dem kleinen Luftmaschenbogen zwischen den Stäbchen-Blöcken. Anschließend häkelst du wieder 4 Luftmaschen.

17 Wiederhole Schritt 15 und 16 bis zum Ende der Reihe.

18 Schneide den Faden 15 cm vom Knäuel entfernt ab und ziehe die letzte Schlinge lang, bis das Fadenende durchrutscht. Vernähe alle Fäden.

19 Zum Schluss nähst du mit Garn und Nähnadel noch den Knopf an der gegenüberliegenden Seite des Knopflochs an.

16 Mit 1 festen Masche schließt du nun das Ganze an den nächsten Luftmaschenbogen an.

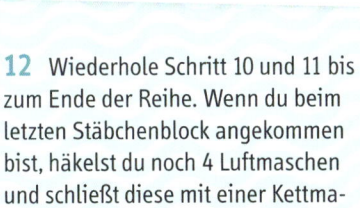

12 Wiederhole Schritt 10 und 11 bis zum Ende der Reihe. Wenn du beim letzten Stäbchenblock angekommen bist, häkelst du noch 4 Luftmaschen und schließt diese mit einer Kettmasche an das Reihenende an.

13 Häkle 4 Luftmaschen und wende deine Arbeit.

14 Reihe 5: Verbinde die Luftmaschenkette mit 1 festen Masche mit dem nächsten Luftmaschenbogen.

15 Häkle noch einmal 3 Luftmaschen sowie 1 Stäbchen, welches du in den gleichen Luftmaschenbogen häkelst.

Hübsche Blümchen fürs Ohr

Blümchenohrringe

1 Schlage 8 Luftmaschen in Lachs an und verbinde die 1. und die 8. Luftmasche mit 1 Kettmasche zu einem kleinen Ring.

2 Häkle 15 feste Maschen in den Ring.

3 Verbinde die erste und die letzte feste Masche mit 1 Kettmasche und häkle anschließend 3 Luftmaschen.

4 Häkle 2 Stäbchen in den nächsten Maschenbogen der Vorrunde. Dann häkelst du wieder 3 Luftmaschen und schließt sie mit 1 Kettmasche an den nächsten Maschenbogen des Rings an.

5 Häkle 1 Kettmasche in den nächsten Maschenbogen und anschließend 3 Luftmaschen. In den nächsten Maschenbogen häkelst du 2 Stäbchen und anschließend 3 Luftmaschen, die du mit 1 Kettmasche an den nächsten Maschenbogen anschließt.

6 Wiederhole Schritt 5 noch 3x. Nun hast du alle Maschenbogen des Rings behäkelt und 5 Blütenblätter erhalten.

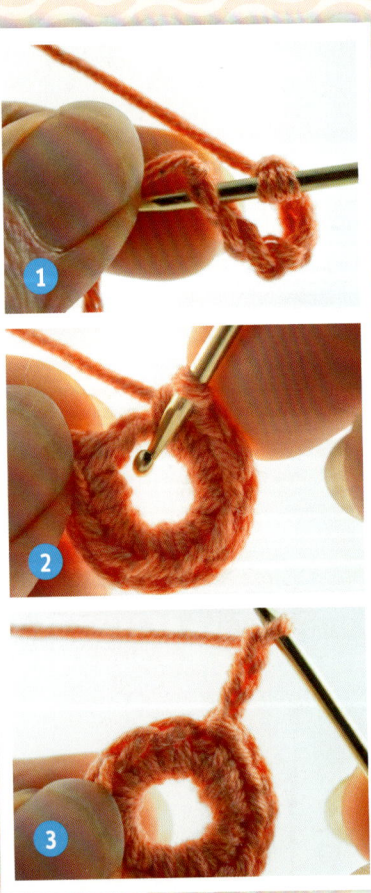

7 Schneide den Faden 15 cm vom Knäuel entfernt ab und ziehe die letzte Schlinge lang, bis das Fadenende durchrutscht. Vernähe mit der Stopfnadel alle Fäden.

8 Nimm nun Nadel und Faden zur Hand und führe die Nadel von außen durch die Mitte der Blüte. Dort fädelst du die weiße Holzkugel auf und führst die Nadel auf der anderen Seite der Blüte wieder hinaus. Das machst du noch 2x, damit die Perle auch hält. Dann vernähst du den Faden.

9 Als Letztes nähst du auf der Rückseite der Blume den Ohrringhaken an.

Quadratische Ohrringe

Schlage 7 Luftmaschen an, stich in die 6. Masche ein und häkle die Reihe mit festen Maschen zurück. Wende mit 1 Luftmasche und arbeite auf diese Weise noch 5 weitere Reihen mit festen Masten. Vernähe die Fäden und befestige den Fischerhaken an einer Ecke.

Schicke Schleifchen

Hinweis: Die Angaben für die kleine Schleife stehen in Klammern

GRÖSSE: 10 cm x 6 cm (große Schleife) und 7 cm x 4 cm (kleine Schleife)

MATERIAL

- Haarspange mit Schleife
  Schachenmayr original Merino Extrafine 85 in Maracuja (Fb 00221), 50 g
  1 Haarspangenrohling

- Haarband mit Schleife
  Schachenmayr original Merino Extrafine 85 in Pflaume (Fb 00246), 50 g
  Gummiband, 10-12 cm lang

- Häkelnadel Nr. 5
- Schere
- Stopfnadel
- Nähnadel und Nähgarn

WAS DU HIER ÜBEN KANNST:
Luftmaschen, feste Maschen

1 Schlage 36 (26) Luftmaschen an.

2 Lege die Kette zu einem Ring zusammen. Achte dabei darauf, dass die Luftmaschenkette nicht in sich verdreht ist.

3 Verbinde die erste und die letzte Masche deiner Luftmaschenkette, indem du 1 feste Masche häkelst.

4 Häkle nun reihum in jede Luftmasche 1 feste Masche. Das machst du so lange, bis du 10 (7) Runden gehäkelt hast.

5 Schneide den Faden 15 cm vom Knäuel entfernt ab und ziehe die letzte Schlinge lang, bis das Fadenende durchrutscht.

6 Jetzt häkelst du das Mittelstück für deine Schleife. Dafür schlägst du 5 (3) Luftmaschen und 1 Wendeluftmasche an. Wende deine Arbeit und häkle in

jede Luftmasche je 1 feste Masche. Mache erneut 1 Wendeluftmasche, wende deine Arbeit und häkle wieder 1 Reihe mit festen Maschen. Fahre so fort, bis du 7 (4) Reihen gehäkelt hast.

7 Vernähe alle Fäden.

8 Nimm das große Schleifenteil und falte den entstandenen Minischlauch in der Mitte wie eine Ziehharmonika zusammen. Fixiere das Ganze mit einem kleinen Garnrest, mit dem du alles einmal umwickelst und verknotest. Nun legst du das kleine gehäkelte Rechteck über die Mitte der Schleife und nähst die Streifenenden auf der Rückseite mit einigen Überwendlingsstichen zusammen.

9 Für die Haarspange nähst du nun auf der Schleifenrückseite den Spangenrohling fest.

10 Für ein Haarband schlägst du ca. 80 Luftmaschen an und häkelst anschließend 2 Reihen mit festen Maschen. Nähe die Schleife mit der Rückseite am Band fest. Durch die Bandenden fädelst du zum Schluss noch ein Stück Gummiband und machst einen Knoten. Beachte, dass für das Haarband die kleinen Schleifen besser geeignet sind.

Praktischer Begleiter

Rucksack

1 Zuerst fertigst du den Boden an.
Reihe 1 und 2: Schlage 25 Luftmaschen in Tinte Tweed an, stich in die 24. Masche ein und häkle die gesamte Reihe mit festen Maschen zurück. Am Ende machst du eine Wendeluftmasche, wendest deine Arbeit und häkelst die nächste Reihe erneut mit festen Maschen zurück.

2 Reihe 3-9: Häkle stets feste Maschen in die Maschenbogen der Vorreihe und wende mit 1 Luftmasche, bevor du die nächste Reihe beginnst.

3 An den Boden häkelst du jetzt den Rucksack in Runden an.
Runde 1: Häkle in jeden 2. Maschenbogen des Bodenstücks 1 feste Masche und 1 Luftmasche. Das machst du rundherum. An den kurzen Seiten häkelst du dabei in jedes zweite Loch, das sich an der Kante ergeben hat. Du siehst, wie sich die gehäkelte Runde nach oben vom Boden weg wölbt.

4 Runde 2-26: Häkle in jeden Maschenbogen der Vorrunde 1 feste Masche und 1 Luftmasche. Dadurch ergibt sich das Muster.

5 Am Ende der 26. Runde schneidest du den Faden 20 cm vom Knäuel entfernt ab und ziehst die letzte Schlinge lang, bis das Fadenende durchrutscht. Vernähe alle Fäden.

Klappe

1 Schlage 22 Luftmaschen und 2 Wendeluftmaschen in Gletscher an. Häkle die Reihe zurück, indem du in jede 2. Luftmasche 1 feste Masche und 1 Luftmasche häkelst.

2 Mache 2 Wendeluftmaschen und wende deine Arbeit. Stich in den 1. Maschenbogen der vorherigen Reihe ein und häkle in jeden Maschenbogen 1 feste Masche und 1 Luftmasche.

3 Wiederhole Schritt 2 insgesamt 17x.

4 Reihe 18-20: Häkle in jeden Maschenbogen der Vorreihe 1 feste Masche. Die ersten und die letzten beiden Maschen der Reihe häkelst du dabei zusammen.

5 Am Ende schneidest du den Faden 20 cm vom Knäuel entfernt ab und ziehst die letzte Schlinge lang, bis das Fadenende durchrutscht. Vernähe alle Fäden.

Halterungen für die Riemen

1 Für die obere Halterung schlägst du 9 Luftmaschen in Tinte Tweed an und häkelst die Reihe mit festen Maschen zurück. Mache 1 Wendeluftmasche und wende deine Arbeit. Häkle auf diese Weise weitere 6 Reihen mit festen Maschen. Schneide den Faden 20 cm vom Knäuel entfernt ab und ziehe die letzte Schlinge lang, bis das Fadenende durchrutscht. Vernähe alle Fäden.

2 Für die unteren Halterungen fertigst du 2 kleine Streifen in Gletscher an. Dafür schlägst du 9 Luftmaschen an und häkelst die Reihe mit festen Maschen zurück. Am Ende schneidest du den Faden 20 cm vom Knäuel entfernt ab und ziehst die letzte Schlinge lang, bis das Fadenende durchrutscht. Vernähe alle Fäden. Die 2. Halterung häkelst du genauso.

Ausarbeitung

1 Lege die Rucksackklappe mit der geraden Kante an die 4. oberste Runde des Rucksacks. Die Klappe zeigt dabei vom Rucksack weg. Mithilfe von Stopfnadel und Wollgarn nähst du die Klappenkante mit Überwendlingsstichen an den Rucksack an.

2 Führe die Streifenenden der unteren Halterungen zueinander und nähe sie mithilfe von Stopfnadel und Garn aneinander. Diese kleinen Schlingen nähst du anschließend an die unteren Ecken des Rucksackbodens beidseitig an.

3 Nähe die obere Halterung in Tinte Tweed hinten mittig auf den Rucksack. Lege den Streifen dazu auf und nähe jeweils die obere und die untere Kante mit Überwendlingsstichen am Rucksack fest. Die Seiten bleiben offen.

AUF DER NÄCHSTEN
SEITE GEHT'S WEITER

4 Nimm die Sicherheitsnadel und befestige sie an einem Ende der roten Kordel. Fädle die Kordel nun in der 3. obersten Reihe vom Rucksack mithilfe der Sicherheitsnadel durch die Maschen. Webe die Kordel dabei alle 2 Maschen vor und zurück. Wenn du wieder am Anfangspunkt angelangt bist, machst du in die Kordelenden einen festen Knoten. So kann sie nicht wieder zurückrutschen. Mit der Kordel kannst du den Rucksack jetzt zusammenziehen und eine Schleife machen.

5 Für die Schulterriemen schneidest du 6x 1,90 m lange Fäden in Tinte Tweed zu. Knote alle Fäden an einem Ende zusammen und beginne mit je 2 Fäden pro Strang zu flechten. Befestige das Band dabei an einer Türklinke, dann kannst du die Stränge besser straff halten. Wenn du fertig geflochten hast, machst du noch einmal einen Knoten.

6 Fädle den geflochtenen Riemen durch die oberste Halterung. Die Strangenden fädelst du jeweils links

und rechts durch die unteren Schlingen in Gletscher und knotest sie dort fest. Trage den Rucksack nun einmal kurz Probe. Öffne gegebenenfalls die Knoten und ziehe die Riemen etwas straffer, damit der Rucksack bequem sitzt.

7 Wenn du möchtest, fertigst du noch 1 Labelschild an (siehe Seite 20-21) und nähst es an der Rucksackklappe fest.

8 Zum Schluss nähst du noch den Steckverschluss an. Nähe eine Hälfte an der Rückseite der Rucksackklappe fest, indem du die Querstrebe dicht mit Überwendlingsstichen umnähst. Das Gegenstück nähst du an der entsprechenden Stelle am Rucksack fest. Um dich zu orientieren, steckst du die Schnallenteile zusammen und lässt die Klappe herunterhängen. So siehst du, wo das 2. Teil angebracht werden muss.

TIPP

Du kannst die Klappe des Rucksacks auch noch mit Kreisen, Blüten oder einer Eule verzieren. Die Anleitungen dazu findest du ebenfalls in diesem Buch.

Sommerfeeling am Arm

Armband mit Muscheln

1 Schlage 81 Luftmaschen in Wolke an.

2 Schneide am Ende den Faden 20 cm vom Knäuel entfernt ab und ziehe die letzte Schlinge lang, bis das Fadenende durchrutscht.

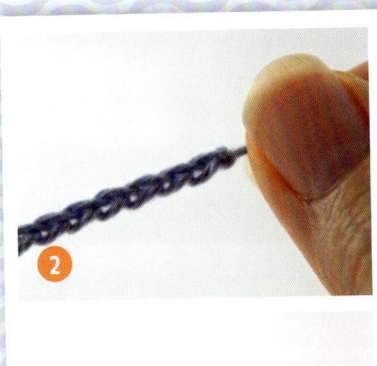

3 Fädle alle Muschelstücke auf das Knäuel in Regatta auf.

4 Knote den Anfang des Knäuels mit den Muschelstücken an die Luftmaschenkette an. Dann schiebst du die Muschelstücke nah an das Knäuel, sodass du den Arbeitsfaden frei zur Verfügung hast. Stich nun mit der Häkelnadel in die 1. Luftmasche ein und häkle 1 feste Masche mit dem neu angeknoteten Faden. Häkle 4 weitere feste Maschen und schiebe anschließend 1 Muschelstück auf dem Arbeitsfaden bis zu der Stelle, wo du gerade häkelst.

5 Um das Muschelstück einzuarbeiten, häkelst du ganz normal 1 feste Masche. Danach häkelst du in die nächsten 5 Luftmaschen je 1 feste Masche und schiebst das nächste Muschelstück heran.

6 Wiederhole Schritt 5, bis du alle Muschelstücke eingearbeitet hast. Am Ende häkelst du noch 5 feste Maschen und hast die Luftmaschenkette damit abgehäkelt.

7 Schneide den Faden 20 cm vom Knäuel entfernt ab und ziehe die letzte Schlinge lang, bis das Fadenende durchrutscht. Zum Schluss verknotest du den Faden mit dem Faden der Luftmaschenkette.

Armbänder mit Perlen

Die Armbänder mit Perlen häkelst du genauso wie das Muschelarmband.

TIPP
Versuche doch auch mal, noch andere Materialien zu einem Armband zu verhäkeln, wie z. B. Bast oder Schmuckdraht.

Kette in Candyfarben

1 Beginne mit einem Magic Loop in Erdbeere und häkle 7 feste Maschen hinein. Ziehe behutsam am Anfangsfaden, damit sich der Magic Loop schließt.

2 Häkle in jeden Maschenbogen der Vorrunde 2 feste Maschen.

3 Häkle in jeden Maschenbogen der Vorrunde 1 feste Masche.

4 Schneide den Faden 15 cm vom Knäuel entfernt ab und ziehe die letzte

Schlinge lang, bis das Fadenende durchrutscht. Dann vernähst du alle Fäden.

5 Häkle 3 weitere Kreise in Erdbeere und je 3 Kreise in Mint und Rosa.

6 Schlage nun 7 Luftmaschen in Jade an und verbinde die 1. und die 7. Masche mit 1 Kettmasche. Das ist das Knopfloch für den Verschluss der Kette. Dann häkelst du noch weitere 25 Luftmaschen.

7 Stich mit der Häkelnadel in einen Maschenbogen am Rand eines Kreises ein und häkle 1 feste Masche.

8 Häkle jetzt 6 Luftmaschen. Dann zählst du entlang des Kreises, von der eingestochenen Masche ausgehend, bis zum 7. Maschenbogen und häkelst dort 1 feste Masche. Damit hast du die Luftmaschenkette mit dem Kreis verbunden.

9 Wiederhole Schritt 7 und 8, bis du alle Kreise aneinandergereiht hast. Die Luftmaschenkette an den Kreisen legst du jeweils hinter den Kreis, damit man sie nicht sieht.

10 Nach dem letzten Kreis häkelst du noch einmal 25 Luftmaschen. Anschließend schneidest du den Faden 15 cm vom Knäuel entfernt ab und vernähst alle Fäden. Als Letztes nähst du an das Kettenende noch deinen kleinen Knopf.

Bunte Taschen für die Jeans

GRÖSSE:

ca. 20 cm x 11,5 cm (Latztasche)
und ca. 11 cm x 11 cm (Gesäßtasche)

MATERIAL

- Latztasche

  Schachenmayr original Sun City
  in Lachs (Fb 00224), 50 g

  Rest Schachenmayr original
  Sun City in Maigrün (Fb 00273)

  Rest Schachenmayr original
  Sun City in Pool (Fb 00265)

- Gesäßtasche

  Schachenmayr original Sun City
  in Mohn (Fb 00231), 50 g

  Rest Schachenmayr original
  Sun City in Pool (Fb 00265)

  Material für 1 Labelschild

- Häkelnadel Nr. 4
- Schere
- Stopfnadel
- Nähnadel und Nähgarn
- Sicherheitsnadel
- Textilkleber

WAS DU HIER ÜBEN KANNST:

Luftmaschen, feste Maschen

Latztasche

1 Schlage 33 Luftmaschen in Maigrün
an und halte die Luftmaschenkette an
die lange Seite der Latztasche. Prüfe,
ob die Länge der Luftmaschenkette der
Breite der Latztasche entspricht. Passe
die Luftmaschenkette gegebenenfalls
entsprechend an, indem du weitere
Luftmaschen häkelst oder Maschen
aufziehst.

2 Reihe 1: Häkle 1 Wendeluftmasche.
Dann häkelst du die Reihe mit festen
Maschen zurück.

3 Reihe 2: Häkle in jeden Maschenbogen der Vorreihe 1 feste Masche.
Am Ende knotest du das Garn in Pool
an, häkelst 1 Wendeluftmasche und
wendest deine Arbeit.

4 Reihe 3-4: Häkle in jeden Maschenbogen der Vorreihe 1 feste Masche
in Pool. Dann knotest du das Garn in
Lachs an und wendest deine Arbeit mit
1 Wendeluftmasche.

5 Reihe 5-6: Häkle in jeden Maschenbogen der Vorreihe 1 feste Masche,
knote das grüne Garn an und wende
mit 1 Wendeluftmasche.

6 Reihe 7-8: Jetzt häkelst du erneut in
jeden Maschenbogen der Vorreihe feste Maschen, knotest das Garn in Pool
an und machst 1 Wendeluftmasche.
Halte immer mal wieder dein Gehäkeltes an die Tasche, um die Größe zu
vergleichen.

7 Reihe 9-18: Häkle in jeden Maschenbogen der Voreihe 1 feste Masche und wende stets mit 1 Wendeluftmasche. Reihe 9, 10, 15 und 16 häkelst
du dabei in Pool, Reihe 11, 12, 17 und
18 in Lachs und Reihe 13 und 14 in
Maigrün.

**AUF DER NÄCHSTEN
SEITE GEHT'S WEITER**

3 Reihe 2: Häkle in jeden Maschenbogen der Vorreihe 1 feste Masche. Am Ende knotest du das Garn in Pool an, häkelst 1 Wendeluftmasche und wendest deine Arbeit.

4 Reihe 3-4: Wiederhole Schritt 3 mit dem Garn in Pool, knote am Ende der 4. Reihe den Faden in Mohn an und wende mit 1 Wendeluftmasche.

5 Reihe 5-17: Häkle in jeden Maschenbogen der Vorreihe 1 feste Masche und wende stets mit 1 Wendeluftmasche. Reihe 5, 6, 9, 10, 13, 14 und 17 häkelst du dabei in Mohn, Reihe 7, 8, 11, 12, 15 und 16 häkelst du in Pool. Dann legst du dein Gehäkeltes auf die Gesäßtasche und prüfst, ob du bereits bei den Ecken angelangt bist (siehe Schritt 8 bei der Latztasche). Wenn nicht, häkelst du im Streifenmuster weitere Reihen. Ansonsten fährst du mit Punkt 6 fort.

6 Reihe 18-20: Häkle in jeden Maschenbogen der Vorreihe 1 feste Masche in Mohn. Die ersten beiden und die letzten beiden Maschen der Reihe häkelst du zusammen ab.

7 Reihe 21-25: Häkle immer zwei feste Maschen zusammen ab, damit sich die Tasche zuspitzt. Dann häkelst du rundum je 1 feste Masche und 1 Luftmasche in jedes 2. Loch bzw. in jeden 2. Maschenbogen. Schneide den Faden 15 cm vom Knäuel entfernt ab und ziehe die letzte Schlinge lang, bis das Fadenende durchrutscht. Vernähe

8 Lege dein Gehäkeltes wieder auf die Latztasche. Wenn jetzt wie auf dem Schrittbild die Ecken gleich unter deiner letzten gehäkelten Reihe beginnen, häkelst du wie in Schritt 9 beschrieben weiter. Wenn nicht, häkelst du noch so viele Reihen, bis du zu den Ecken gelangst.

9 Reihe 19: Häkle in jeden Maschenbogen der Vorreihe 1 feste Masche in Lachs. Häkle dabei jedoch die ersten beiden und die letzten beiden Maschen der Reihe zusammen ab.

10 Reihe 20-23: Wiederhole Schritt 9.

11 Häkle mit dem Faden in Lachs rund um dein gehäkeltes Stück immer 1 feste Masche und 1 Luftmasche in jedes 2. Loch bzw. in jeden 2. Maschen-

bogen. Dann schneidest du den Faden 15 cm vom Knäuel entfernt ab und ziehst die letzte Schlinge lang, bis das Fadenende durchrutscht.

Gesäßtasche

1 Schlage 20 Luftmaschen in Mohn an und halte die Luftmaschenkette an die Gesäßtasche deiner Hose. Prüfe wie in Punkt 1 bei der Latztasche beschrieben, ob die Luftmaschenkette die richtige Länge hat und passe sie gegebenenfalls an.

2 Reihe 1: Häkle 1 Wendeluftmasche und anschließend die Reihe mit festen Maschen zurück. Mache 1 Wendeluftmasche und wende deine Arbeit.

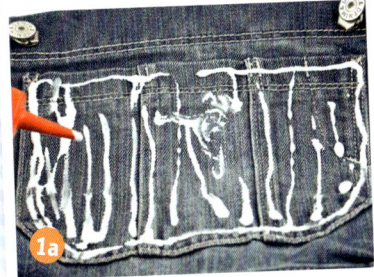

alle Fäden. Wenn du möchtest, kannst
du dir noch 1 Labelschild anfertigen
(siehe Seite 20-21) und es mit Nähnadel und Garn an der Seite deiner
Gesäßtasche annähen.

Ausarbeitung

1   Streiche Textilkleber auf die jeweilige Jeanstasche und klebe deine
gehäkelte Tasche darauf. Drücke sie
fest an – vor allem an den Rändern.

2   Wenn der Kleber getrocknet ist,
nähst du zusätzlich mit Nähgarn und
Nähnadel im Heftstich einmal entlang
der Kante, um deine Tasche besser
zu fixieren. Du kannst auch einen
Erwachsenen bitten, mit der Nähma-
schine entlang der Kante eine Naht
für dich abzusteppen. Die obere Kante
lasst du dabei frei.

Anziehendes

Ob für Kopf, Hals, Hände oder
Füße – in diesem Kapitel findest
du garantiert dein neues Lieblings-
stück zum Anziehen! Häkle dir deine
eigene kleine Kollektion mit cooler
Beanie-Mütze, Ringel-Stulpen oder
kuscheligen Ballerinas und fülle
deinen Kleiderschrank mit tollen
Einzelstücken, die so ganz bestimmt
keiner außer dir hat.

Leuchtende Beanie

GRÖSSE: ca. ø 57 cm

MATERIAL

- Schachenmayr original Boston Sun Pastell in Aqua (Fb 00351), 100 g
- Schachenmayr original Boston Sun Pastell in Rosa (Fb 00335), 100 g
- Schachenmayr original Boston Sun Pastell in Azalee (Fb 00337), 100 g
- Material für 1 Labelschild
- Häkelnadel Nr. 7
- Schere
- Stopfnadel
- Nähnadel und Nähgarn

WAS DU HIER ÜBEN KANNST:
Magic Loop, Luftmaschen, Kettmaschen, feste Maschen, halbe Stäbchen

1 Runde 1: Beginne mit einem Magic Loop in Aqua und häkle 3 Luftmaschen und 11 halbe Stäbchen hinein.

2 Ziehe behutsam am Anfangsfaden, bis sich der Magic Loop schließt. Dann verbindest du die letzte Masche mit der 2. Luftmasche vom Rundenbeginn mit 1 Kettmasche.

3 Runde 2: Häkle 3 Luftmaschen und anschließend in jeden Maschenbogen der Vorrunde jeweils 1 halbes Stäbchen und 1 Luftmasche. Schließe die Runde mit 1 Kettmasche in die 2. Luftmasche vom Rundenanfang.

4 Runde 3: Zwischen den halben Stäbchen siehst du nun kleine Lücken, die durch die Luftmaschen entstanden sind. Diese Lücken heißen Luftmaschenbogen. Häkle nun 3 Luftmaschen, dann häkelst du in den 1. Luftmaschenbogen der Vorrunde 1 halbes Stäbchen und 1 Luftmasche. In den 2. Luftmaschenbogen häkelst du 2 halbe Stäbchen und 1 Luftmasche, du nimmst also jeweils 1 Masche zu. Häkle auf diese Weise im Wechsel reihum. Das Rundenende schließt du wieder mit 1 Kettmasche in die 2. Luftmasche vom Rundenbeginn.

5 Runde 4: Häkle 3 Luftmaschen. Anschließend arbeitest du in den 1. und 2. Luftmaschenbogen der Vorrunde jeweils 1 halbes Stäbchen und 1 Luftmasche und danach in den 3. Luftmaschenbogen 2 halbe Stäbchen und 1 Luftmasche. Nach diesem Prinzip häkelst du reihum im Wechsel. Die Runde endet, indem du die letzte Masche wieder mit 1 Kettmasche an die 2. Luftmasche vom Rundenbeginn anschließt.

6 Runde 5: Knote den Faden in Rosa an. Lass die Fäden, mit denen nicht gehäkelt wird, im Folgenden innen immer in der Mütze mitlaufen, bis die jeweilige Farbe wieder an der Reihe ist. So musst du sie nicht jedes Mal wieder neu anknoten. Häkle 3 Luftmaschen. Dann häkelst du in jeden Luftmaschenbogen der Vorrunde je 1 halbes Stäbchen und 1 Luftmasche. Schließe die Runde mit 1 Kettmasche in die 2. Luftmasche vom Rundenbeginn.

7 Runde 6: Die nächste Runde häkelst du wieder in Aqua. Häkle erneut 3 Luftmaschen und anschließend in jeden Luftmaschenbogen der Vorrunde 1 halbes Stäbchen und 1 Luftmasche. In jeden 4. Luftmaschenbogen häkelst du 2 halbe Stäbchen und 1 Luftmasche. Das Rundenende schließt du wieder mit 1 Kettmasche in die 2. Luftmasche vom Rundenanfang.

AUF DER NÄCHSTEN SEITE GEHT'S WEITER

8 Runde 7: Knote den Faden in Azalee an und häkle zuerst 3 Luftmaschen und anschließend 1 halbes Stäbchen und 1 Luftmasche in jeden Luftmaschenbogen der Vorrunde. Schließe das Rundenende mit 1 Kettmasche in die 2. Luftmasche vom Rundenbeginn.

9 Runde 8: Nimm den Faden in Aqua, häkle wie gewohnt 3 Luftmaschen und anschließend in jeden Luftmaschenbogen 1 halbes Stäbchen und 1 Luftmasche. In jeden 5. Luftmaschenbogen häkelst du 2 halbe Stäbchen und 1 Luftmasche. Das Rundenende schließt du mit 1 Kettmasche in die 2. Luftmasche vom Rundenbeginn.

10 Runde 9-22: Häkle nun in den folgenden Runden am Rundenanfang jeweils 3 Luftmaschen und anschließend in jeden Luftmaschenbogen der Vorrunde 1 halbes Stäbchen und 1 Luftmasche. Das Rundenende schließt du immer mit 1 Kettmasche in die 2. Luftmasche vom Rundenanfang. Die Farbreihenfolge ist dabei wie folgt: Runde 9, 13, 17 und 21 werden in Rosa, Runde 10, 12, 14, 16, 18, 20 und 22 in Aqua und Runde 11, 15 und 19 in Azalee gehäkelt.

11 Runde 23-27: Diese und alle weiteren Runden häkelst du nun nur noch in Aqua. Beginne mit 2 Luftmaschen und häkle in jeden Luftmaschenbogen der Vorrunde je 1 feste Masche und 1 Luftmasche.

12 Am Ende der Runde knotest du einen kontrastfarbenen Faden ein, um das Rundenende zu markieren. Häkle weitere 4 Runden im selben Muster wie zuvor, also immer eine

feste Masche und eine Luftmasche in jeden Luftmaschenbogen der Vorrunde. Schneide anschließend den Faden 15 cm vom Knäuel entfernt ab und ziehe die letzte Schlinge lang, bis das Fadenende durchrutscht. Vernähe alle Fäden.

13 Wenn du möchtest, kannst du nun noch ein Labelschild herstellen (siehe Seite 20-21) und es an der Seite deiner Beanie annähen.

TIPP
Für den Winter kannst du dir eine farblich ähnliche Mütze auch mit warmer Wolle häkeln. Dafür nimmst du von Schachenmayr original Boston 2 Knäuel in Mint (Fb 00066) und je 1 Knäuel in Pink (Fb 00035) und in Rosa (Fb 00134).

Gemütliche Ballerinas für zu Hause

GRÖSSE: 35/36

MATERIAL

- **Ballerinas mit Riemchen**

  Schachenmayr orignal Boston in Brillantweiß (Fb 00101), 100 g

  Schachenmayr orignal Boston in Koralle (Fb 00133), 50 g

  Schachenmayr orignal Boston in Mint (Fb 00066), 50 g

  2 Knöpfe in Rosa, ø 1,8 cm

- **Ballerinas mit Sternchen**

  Schachenmayr orignal Boston Sun in Azalee (Fb 00037), 100 g

  2 Sternknöpfe in Gelb, ø 1,5 cm

- 1 Paar Schuhsohlen, Größe 35/36
- Häkelnadel Nr. 7
- Schere
- Stopfnadel
- Nähnadel und Nähgarn

WAS DU HIER ÜBEN KANNST:

Magic Loop, Luftmaschen, feste Maschen in Runden, Zunahmen, Abnahmen

Ballerinas mit Riemchen für den Winter

1 Runde 1: Beginne mit einem Magic Loop in Brillantweiß und häkle 6 feste Maschen hinein. Ziehe behutsam am Anfangsfaden, bis sich der Ring schließt.

2 Runde 2: Häkle 2 feste Maschen in jeden Maschenbogen der Vorrunde. Somit verdoppelst du jede Masche.

3 Runde 3: Lege dir einen kontrastfarbenen Faden an den Rundenanfang, um ihn zu markieren. Dann häkelst du in jeden Maschenbogen der Vorrunde 1 feste Masche. Versetze den Kontrastfaden im Laufe der folgenden Runden dabei immer wieder an den aktuellen Rundenanfang.

4 Runde 4: Häkle in jeden Maschenbogen der Vorrunde 1 feste Masche, in jeden 2. Maschenbogen häkelst du 2 feste Maschen.

5 Runde 5: Häkle in jeden Maschenbogen der Vorrunde 1 feste Masche.

6 Runde 6: Häkle in jeden Maschenbogen der Vorrunde 1 feste Masche, in jeden 3. Maschenbogen häkelst du 2 feste Maschen.

7 Runde 7: Häkle in jeden Maschenbogen der Vorrunde 1 feste Masche.

8 Runde 8-10: Knote das Garn in Mint an und häkle 1 feste Masche in jeden Maschenbogen der Vorrunde.

9 Jetzt häkelst du in Reihen weiter. Reihe 1 und 2: Häkle 15 feste Maschen in die nächsten 15 Maschenbogen der Vorrunde. Mache am Ende 1 Wendeluftmasche und wende deine Arbeit. Dann häkelst du die 15 Maschen mit festen Maschen zurück.

10 Reihe 3: Häkle 15 feste Maschen in die Maschenbogen der vorherigen Reihe, mache am Ende 1 Wendeluftmasche und wende deine Arbeit.

11 Reihe 4-19: Wiederhole Schritt 10.

12 Knicke den Schuh wie auf dem Bild zu sehen so in der Mitte zusammen, dass die Endreihen übereinanderliegen.

13 Häkle die übereinanderliegenden Reihen zusammen, indem du den Faden durch die beiden sich jeweils gegenüberliegenden Maschenbogen holst und 1 Kettmasche häkelst. Häkle auf diese Weise die gesamte Reihe der übereinanderliegenden Schichten zusammen. Schneide den Faden 15 cm vom Knäuel entfernt ab und ziehe die letzte Schlinge lang, bis das Fadenende durchrutscht. Vernähe alle Fäden.

AUF DER NÄCHSTEN SEITE GEHT'S WEITER

Ballerinas mit Sternchen für den Sommer

Diese Hausschuhe häkelst du komplett mit Garn in Azalee. Dieses Garn ist etwas ergiebiger. Deshalb häkelst du für Größe 36 insgesamt lediglich 16 Reihen. Da diese Schuhvariante kein Riemchen besitzt, häkelst du außerdem nur bis Schritt 14. Dann schneidest du den Faden ab und ziehst die letzte Schlinge lang, bis das Fadenende durchrutscht. Vernähe alle Fäden und lege die Sohlen ein. Zum Schluss nähst du noch die Sternenknöpfe auf.

14 Knote den Faden in Koralle an der zuletzt gehäkelten Kante an. Das ist die Ferse. Am oberen Rand führst du nun die Häkelnadel durch das nächste Loch, holst den Faden durch, bildest eine Schlinge und häkelst diese ab. Häkle entlang der gesamten oberen Kante in jedes 2. Loch bzw. in jeden 2. Maschenbogen 1 feste Masche und 1 Luftmasche.

15 Häkle in die nächsten 10 Maschenbogen der Vorrunde jeweils 1 feste Masche und dann 16 Luftmaschen für das Riemchen. Für das Knopfloch stichst du in die 12. Luftmasche ein und häkelst die Luftmaschenkette mit festen Maschen zurück. Am Ende verbindest du den Streifen mit 1 Kettmasche am Schuh. Schneide den Faden 15 cm vom Knäuel entfernt ab und ziehe die letzte Schlinge lang, bis das Fadenende durchrutscht. Vernähe alle Fäden.

16 Nähe nun noch den Knopf mithilfe von Nähnadel und Faden auf der gegenüberliegenden Seite des Riemchens am Schuh fest. Dann legst du die Sohle ein.

17 Wiederhole die Schritte 1-16 für den zweiten Schuh. Beachte dabei, dass du ab Schritt 14 seitenverkehrt häkeln musst, damit das Fußriemchen auf der anderen Seite ist.

TIPP

Wenn du kleinere oder größere Füße hast, musst du entsprechend mehr oder weniger Reihen häkeln. Bei dem winterlichen Garn entsprechen 2 Reihen etwa einer Größe. Bei dem sommerlichen Garn entspricht etwa 1 Reihe einer Größe. Für Größe 37/38 arbeitest du für die Wintervariante also 21 Reihen und für die Sommerballerinas 17. Für Größe 34/35 häkelst du mit dem Wintergarn 17 Reihen und mit dem Sommergarn 15 Reihen.

Stirnband mit Schleifchen

1 Schlage 14 Luftmaschen und 2 Wendeluftmaschen an.

2 In die 14. Luftmasche arbeitest du 1 halbes Stäbchen. Dann häkelst du in die 12., 10., 8., 6., 4. und 2. Luftmasche je 2 halbe Stäbchen. Die Luftmaschen dazwischen lässt du aus. In die 1. Luftmasche häkelst du 1 halbes Stäbchen.

3 Häkle 2 Luftmaschen und wende deine Arbeit.

4 Häkle in die 1. Lücke zwischen den Stäbchen 1 halbes Stäbchen. Anschließend häkelst du je 2 halbe Stäbchen in die nachfolgenden Lücken der Vorreihe.

5 Am Ende der Reihe häkelst du 1 halbes Stäbchen in die oberste der 2 Luftmaschen der Vorreihe.

6 Nun häkelst du zwei Luftmaschen und wendest deine Arbeit.

7 Wiederhole Schritt 3-5, bis du insgesamt 91 Reihen gehäkelt hast. Am Ende schneidest du den Faden 15 cm vom Knäuel entfernt ab und ziehst die letzte Schlinge lang, bis das Fadenende durchrutscht. Vernähe alle Fäden.

Ausarbeitung

1 Lege dir den gehäkelten Streifen probeweise um den Kopf. Halte ihn dabei so, dass die Enden des Streifens auf beiden Seiten gleich lang sind. Markiere dir mit einer Sicherheitsnadel eine der Stellen, an der die Streifenhälften aufeinandertreffen und nimm das Stirnband wieder vom Kopf.

2 Lege nun das Band mittig aufeinander. Nimm einen farblich passenden Faden und die Stopfnadel und nähe an

der markierten Stelle einmal senkrecht mit Heftstichen eine Naht durch alle Lagen des Bands. Vernähe auch hier alle Fäden.

3 Jetzt erkennst du bereits die Grundform des Stirnbands. Lege das Band flach vor dich hin, sodass die losen Enden mittig auseinander geklappt auf dem Band liegen.

AUF DER NÄCHSTEN SEITE GEHT'S WEITER

4 Greife das Band dort, wo die Naht ist und falte es über der Naht wie eine Ziehharmonika zusammen. Fixiere die Schleife mit einem kleinen Faden, den du straff um die Schleifenmitte wickelst und dann verknotest.

5 Um den Faden zu kaschieren, häkelst du nun noch eine kleine Fläche im selben Muster wie das Stirnband. Starte hier jedoch mit 7 Luftmaschen und 2 Wendeluftmaschen.

6 Häkle 14 Reihen. Dann schneidest du den Faden 15 cm vom Knäuel entfernt ab, ziehst die Schlinge lang, bis das Fadenende durchrutscht und vernähst die Fäden.

7 Die gehäkelte Fläche legst du nun mittig über die zusammengeknotete Schleife. Die obere und die untere Kante sollten sich dabei hinter der Schleife treffen, wo du sie mit Überwendlingsstichen aneinander nähst.

8 Wenn du möchtest, kannst du noch ein Labelschild herstellen (siehe Seite 20-21). Lege es um die Kante des Stirnbandes und nähe es mithilfe von Nähgarn und Nähnadel fest. Zum Schluss ziehst du noch die Schleifenenden in Form.

TIPP

Du kannst das Stirnband auch nur mit halben Stäbchen häkeln. Schlage dazu 14 Luftmaschen und 2 Wendeluftmaschen an und häkle die Reihe mit halben Stäbchen zurück. Häkle dann in jeden Maschenbogen der Vorrunde 1 halbes Stäbchen. Mit der Ausarbeitung fährst du wie auf Seite 67-68 beschrieben fort.

Armstulpen mit Ringeln

GRÖSSE: ca. 21 cm lang

MATERIAL
- Schachenmayr original Cotton Time in Pink (Fb 00036), 50 g
- Schachenmayr original Cotton Time in Rosa (Fb 00035), 50 g
- Schachenmayr original Cotton Time in Limone (Fb 00023), 50 g
- Material für 1 Labelschild
- Häkelnadel Nr. 4
- Schere
- Stopfnadel
- Nähnadel und Nähgarn

WAS DU HIER ÜBEN KANNST:
Luftmaschen, Kettmaschen, feste Maschen in Runden, halbe Stäbchen in Runden, Abnahmen, Zunahmen, Zackenkante

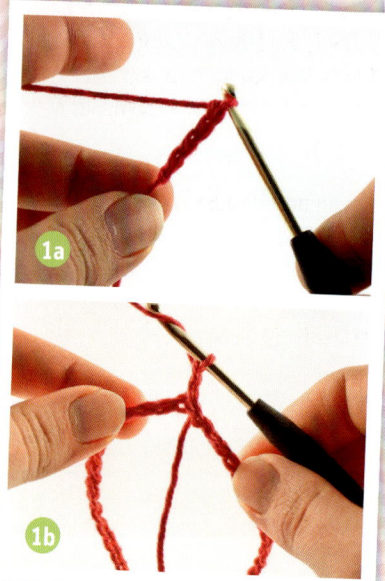

1 Schlage 38 Luftmaschen in Pink an und verbinde die Kette zu einem Ring, indem du die erste und die letzte Masche mit 1 Kettmasche verbindest. Achte darauf, dass sich die Luftmaschenkette dabei nicht in sich verdreht. Dann häkelst du 2 weitere Luftmaschen.

2 Runde 1-2: Häkle in jeden Maschenbogen der Luftmaschenkette 1 halbes Stäbchen. In der nächsten Runde häkelst du in jeden Maschenbogen der Vorrunde 1 feste Masche.

3 Runde 3-4: Knote einen Faden in Limone an und wiederhole Schritt 2. Führe im Folgenden die Fäden bei den Farbwechseln auf der Innenseite mit. So musst du sie nicht ständig abschneiden.

4 Runde 5-6: Wiederhole Schritt 2 mit dem Faden in Pink.

5 Runde 7-8: Knote einen Faden in Rosa an und wiederhole Schritt 2.

6 Runde 9-10: Wiederhole Schritt 2 mit dem Faden in Pink.

7 Runde 11-12: Nun ist wieder der Faden in Limone an der Reihe. Wiederhole Schritt 2.

8 Runde 13-14: Wiederhole Schritt 2 mit dem pinken Garn. In der Runde mit den festen Maschen häkelst du dabei die 2 letzten Maschen zusammen ab.

9 Runde 15-16: Wiederhole Schritt 8 mit dem Faden in Rosa.

10 Runde 17-18: Häkle die Runden mit dem pinken Faden wie in Schritt 8 beschrieben.

11 Runde 19-20: Wiederhole Schritt 8 mit dem Faden in Limone.

12 Runde 21-22: Häkle wie in Punkt 8 beschrieben mit dem pinken Faden.

13 Runde 23-24: Häkle mit dem Garn in Rosa wie in Schritt 2 beschrieben.

14 Runde 25-26: Wiederhole Schritt 2 mit dem pinken Faden.

15 Runde 27-28: Häkle mit dem Garn in Limone wie in Schritt 2 beschrieben. In die letzte Masche der Runde mit den festen Maschen häkelst du 2 feste Maschen, du nimmst also wieder eine Masche zu.

16 Runde 29-30: Wiederhole Schritt 15 mit dem pinken Faden.

17 Runde 31-32: Wiederhole Schritt 15 mit dem rosa Garn.

AUF DER NÄCHSTEN SEITE GEHT'S WEITER

19a **19b** **19c**

18 Runde 33: Häkle in jeden Maschenbogen der Vorrunde 1 halbes Stäbchen in Pink.

19 Runde 34: Jetzt fertigst du eine Zackenkante an. Dafür häkelst du * 1 feste Masche und 3 Luftmaschen sowie 1 feste Masche in denselben Maschenbogen der Vorrunde. In den darauf folgenden Maschenbogen der Vorrunde häkelst du 1 feste Masche *. Wiederhole alles, was zwischen den Sternchen * steht, bis du am Rundenende angekommen bist.

20 Schließe die Runde mit 1 Kettmasche in die nächste Masche und schneide den Faden 15 cm vom Knäuel entfernt ab. Ziehe die letzte Schlinge lang, bis das Fadenende durchrutscht und vernähe alle Fäden.

21 Wiederhole Schritt 1-20, um die 2. Stulpe anzufertigen.

22 Wenn du möchtest, kannst du dir nun noch zwei selbstgemachte Labelschilder (siehe Seite 20-21) annähen.

TIPP
Wenn dir Zu- und Abnahmen noch etwas schwer fallen, kannst du auch einfach nur einen geraden Schlauch häkeln, der dann um die Handgelenke etwas lockerer sitzt. Häkle die Runden dabei im farblichen Wechsel wie in Schritt 2 beschrieben.

Lässiger Loopschal

1 Schlage 132 Luftmaschen in Aqua an und verbinde die erste und die letzte Luftmasche mit 1 Kettmasche zu einem Ring. Achte dabei darauf, dass die entstandene Luftmaschenkette nicht in sich verdreht ist. Du häkelst nun in Runden.

2 Runde 1: Häkle 3 Luftmaschen und in den nächsten Maschenbogen der Luftmaschenkette 1 Stäbchen. Dann häkelst du 1 Luftmasche, überspringst 1 Maschenbogen der Luftmaschenkette und häkelst in die nächsten beiden Maschenbogen je 1 Stäbchen. Anschließend machst du 1 Luftmasche.

3 Überspringe erneut einen Maschenbogen der Luftmaschenkette. Reihum häkelst du nun immer je 1 Stäbchen in die nächsten 2 Maschenbogen der Luftmaschenkette und machst anschließend 1 Luftmasche.

4 Wiederhole Schritt 3, bis die Runde beendet ist und verbinde die letzte gehäkelte Luftmasche mit 1 Kettmasche mit der obersten der 3 Luftmaschen vom Rundenanfang.

5 Runde 2: Häkle 4 Luftmaschen. Anschließend häkelst du in den Luftmaschenbogen der Vorrunde (das ist die Lücke zwischen den Stäbchen) 2 Stäbchen und 1 Luftmasche.

6 In den nächsten Luftmaschenbogen der Vorrunde häkelst du wieder 2 Stäbchen und 1 Luftmasche. Nach diesem Schema häkelst du reihum in jeden Luftmaschenbogen. Am Rundenende häkelst du nur 1 Stäbchen. Dann verbindest du die letzte Schlinge und die dritte der 4 Luftmaschen vom Rundenanfang mit 1 Kettmasche.

7 Runde 3-4: Knote den Faden in Mint an und wiederhole Schritt 5 und 6 für jede Runde.

8 Runde 5-6: Knote den Faden in Lavendel an und wiederhole Schritt 5 und 6 für jede Runde. Schneide den Faden in Lavendel 15 cm vom Knäuel entfernt ab.

9 Runde 7-8: Häkle mit dem Faden in Mint weiter und wiederhole Schritt 5 und 6 für jede Runde.

AUF DER NÄCHSTEN
SEITE GEHT'S WEITER

10 Runde 9 und 10: Wiederhole Schritt 5 und 6 für jede Runde mit dem Faden in Aqua.

11 Runde 11: Häkle in jeden Maschenbogen der Vorrunde 1 feste Masche. Am Ende schneidest du den Faden 15 cm vom Knäuel entfernt ab und ziehst die letzte Schlinge lang, bis das Fadenende durchrutscht. Vernähe alle Fäden.

12 Wenn du möchtest, kannst du nun noch ein selbstgemachtes Labelschild (siehe Seite 20-21) annähen. Lege es um die untere Kante des Loops und nähe es fest.

TIPP
Diesen Loopschal kannst du auch mit einem sommerlichen Garn häkeln, z. B. mit Schachenmayr original Boston Sun. Dann kannst du den Loop auch gut im Frühling und Herbst tragen, ohne dass er zu warm ist.

Sommerliche Beanies

Beanie mit Streifen

1 Runde 1: Beginne mit einem Magic Loop in Kiwi und häkle 14 feste Maschen hinein.

2 Ziehe behutsam am Anfangsfaden, bis sich der Magic Loop schließt und verbinde die 14. Masche mit der 1. Masche vom Rundenbeginn mit 1 Kettmasche.

3 Runde 2: Häkle 4 Luftmaschen. Anschließend häkelst du in den übernächsten Maschenbogen der Vorrunde 1 Stäbchen und 1 Luftmasche. Fahre auf diese Weise fort, bis du wieder am Rundenanfang angekommen bist. Dann häkelst du 1 Kettmasche in die dritte der 4 Luftmaschen vom Rundenanfang.

4 Runde 3: Die kleinen Lücken, die zwischen den Stäbchen zu sehen und durch die Luftmaschen entstanden sind, heißen Luftmaschenbogen. Häkle nun zunächst 4 Luftmaschen und dann 1 Stäbchen und 1 Luftmasche in den 1. Luftmaschenbogen der Vorrunde. Dann häkelst du 2 Stäbchen und 1 Luftmasche in jeden Luftmaschenbogen der Vorrunde, du nimmst also Maschen zu. Fahre auf diese Weise fort, bis du wieder am Rundenanfang angekommen bist. Zuletzt häkelst du 1 Kettmasche in die dritte der 4 Luftmaschen vom Rundenanfang.

5 Runde 4: Häkle 4 Luftmaschen und anschließend 1 Stäbchen und 1 Luftmasche in den 1. Luftmaschenbogen der Vorrunde. In den 2. Luftmaschenbogen häkelst du 2 Stäbchen und 1 Luftmasche. Dann häkelst du in den 3. Luftmaschenbogen wieder nur 1 Stäbchen und 1 Luftmasche. Häkle nach diesem Prinzip die ganze Runde im Wechsel. Das Rundenende schließt du wie in den Runden zuvor mit 1 Kettmasche.

6 Runde 5: Mache 4 Luftmaschen und häkle in jeden Luftmaschenbogen der Vorrunde 1 Stäbchen und 1 Luftmasche. Das Rundenende schließt du mit 1 Kettmasche in die dritte der 4 Luftmaschen vom Rundenanfang.

7 Runde 6: Knote einen Faden in Pink an. Jetzt häkelst du wieder 4 Luftmaschen und danach 1 Stäbchen und 1 Luftmasche in die Luftmaschenbogen der Vorrunde. In jeden 3. Luftmaschenbogen häkelst du 2 Stäbchen und 1 Luftmasche. Schließe auch hier wieder das Rundenende mit 1 Kettmasche.

8 Runde 7: Wiederhole Schritt 6 mit dem Garn in Pink.

9 Runde 8: Häkle 4 Luftmaschen und anschließend 1 Stäbchen und 1 Luftmasche in die Luftmaschenbogen der Vorrunde. Bei jedem 4. Luftmaschenbogen häkelst du 2 Stäbchen und 1 Luftmasche. Das Rundenende schließt du wie in den Runden zuvor mit 1 Kettmasche.

10 Runde 9: Wiederhole Schritt 6 mit dem Garn in Orchidee.

11 Runde 10: Häkle 4 Luftmaschen und anschließend 1 Stäbchen und 1 Luftmasche in die Luftmaschenbogen der Vorrunde. Bei jedem 5. Luftmaschenbogen häkelst du 2 Stäbchen und 1 Luftmasche. Das Rundenende schließt du wie in den Runden zuvor mit 1 Kettmasche.

AUF DER NÄCHSTEN SEITE GEHT'S WEITER

12 Runde 11: Wiederhole noch einmal Schritt 6 mit dem Garn in Orchidee.

13 Runde 12: Knote einen Faden in Kiwi an und häkle 4 Luftmaschen sowie 1 Stäbchen und 1 Luftmasche in die Luftmaschenbogen der Vorrunde. Bei jedem 6. Luftmaschenbogen häkelst du 2 Stäbchen und 1 Luftmasche. Schließe das Rundenende mit 1 Kettmasche wie in den Runden zuvor.

14 Runde 13-23: Häkle die folgenden Runden wie in Schritt 6 beschrieben in der folgenden Farbfolge: Runde 13-14 in Kiwi, Runde 15-17 in Pink, Runde 18-20 in Orchidee und Runde 21-23 in Kiwi.

15 Runde 24: Nun arbeitest du das Bündchen. Dafür häkelst du in jeden

Luftmaschenbogen der Vorrunde 2 feste Maschen. Das Rundenende markierst du dir mit einem kontrastfarbenen Faden oder einem Maschenmarkierer.

16 Runde 25-29: Häkle in jeden Maschenbogen der Vorrunde 1 feste Masche.

17 Schneide den Faden 15 cm vom Knäuel entfernt ab und ziehe die letzte Schlinge lang, bis das Fadenende durchrutscht. Vernähe alle Fäden.

18 Wenn du möchtest, kannst du noch ein Labelschild herstellen (siehe Seite 20-21) und es mit Nähnadel und Faden an das Bündchen der Beanie annähen.

Beanie mit Schleife

Die Mütze mit Schleife häkelst du genauso wie die Beanie mit Streifen, allerdings ohne Farbwechsel durchgängig in Azur. Dann befestigst du die Sicherheitsnadel am Satinband, schließt sie und fädelst das Band durch die 23. Runde. Das ist die letzte Runde vor dem Bündchen. Webe das Band dabei immer über und unter 2 Stäbchen hindurch. Wenn du wieder am Anfang bist, machst du eine Schleife und schiebst die Bandenden in die Schleifenbogen. Dort nähst du sie am besten mit einigen Stichen fest.

Geflochtenes Stirnband

GRÖSSE: ca. ø 55 cm

MATERIAL

- Schachenmayr original Boston in Pink (Fb 00035), 50 g
- Schachenmayr original Boston in Kardinal (Fb 00137), 50 g
- Schachenmayr original Boston in Violett (Fb 00049), 50 g
- Häkelnadel Nr. 7
- Schere
- Stopfnadel
- 1 große Sicherheitsnadeln

WAS DU HIER ÜBEN KANNST:
Luftmaschen, feste Maschen

1 Schlage 70 Luftmaschen und 1 Wendeluftmasche in Pink an.

2 Häkle in jeden Maschenbogen der Luftmaschenkette 1 feste Masche, mache anschließend 1 Wendeluftmasche und wende deine Arbeit.

3 Häkle die Reihe mit festen Maschen zurück.

4 Wiederhole Schritt 3 noch 2x, bis du insgesamt 4 Reihen gehäkelt hast.

5 Schneide den Faden 15 cm vom Knäuel entfernt ab und ziehe die letzte Schlinge lang, bis das Fadenende durchrutscht. Vernähe alle Fäden.

6 Häkle nun wie in Schritt 1-5 beschrieben je einen Streifen in Violett und in Kardinal. Am Ende hast du 3 lange Streifen.

7 Fasse die Streifen alle an einem Ende und lege sie nebeneinander. Achte darauf, dass die ersten Reihen alle in eine Richtung zeigen, da diese Kanten anders aussehen als die gegenüberliegenden. Sichere die Streifen vorsichtig in dieser Position mit einer Sicherheitsnadel.

8 Nun beginnst du mit dem Flechten. Führe die Stränge dabei sehr locker. Sie sollten nicht in sich knicken oder eingeschlagen werden, sondern beim Flechten möglichst flach liegen. Führe dann den Anfang und das Zopfende zueinander.

9a

9b

9 Am Ende treffen idealerweise alle Farben wieder exakt aufeinander. Mit der Stopfnadel und einem Garn in der jeweils passenden Farbe nähst du nun den Anfang und das Ende der Streifen zusammen. Mit welchem Nähstich bleibt dir überlassen.

10 Zum Schluss rückst du die Stränge alle noch gleichmäßig zurecht und entfernst die Sicherheitsnadel.

Lässiger Kapuzenschal mit Taschen

3 Knote nun einen Faden in Gletscher an. Der Übergang wird am saubersten, wenn du bei der letzten Masche der Reihe den Faden in der alten Farbe holst und die Masche in der neuen Farbe abhäkelst. Schneide den himbeerfarbenen Faden 20 cm vom Knäuel entfernt ab und ziehe die letzte Schlinge lang, bis das Fadenende durchrutscht.

4 Mache 3 Luftmaschen und wende deine Arbeit. Nun häkelst du in jeden Maschenbogen der Vorreihe 1 Stäbchen. Am Ende häkelst du wieder 3 Luftmaschen und wendest deine Arbeit. Häkle auf diese Weise 50 weitere Reihen.

5 Knote einen Faden in Himbeere an und häkle 14 Reihen mit festen Maschen. Am Ende schneidest du den Faden 20 cm vom Knäuel entfernt ab und ziehst die letzte Schlinge lang, bis das Fadenende durchrutscht. Vernähe alle Fäden.

6 Klappe die Enden in Himbeere an der Übergangskante zu den Stäbchenreihen in Gletscher um. Dann nähst du mithilfe einer Stopfnadel und eines himbeerfarbenen Fadens die offenen Kanten links und rechts mit einigen Überwendlingsstichen zu, sodass 2 Taschen entstehen.

7 Jetzt schlägst du erneut 22 Luftmaschen und 3 Wendeluftmaschen in Gletscher an. In jeden Maschenbogen der Luftmaschenkette häkelst du jeweils 1 Stäbchen.

1 Schlage 13 Luftmaschen und 1 Wendeluftmasche in Himbeere an. Stich in die 13. Masche ein und häkle in jeden Maschenbogen der Vorreihe 1 feste Masche. Am Ende machst du 1 Wendeluftmasche und wendest deine Arbeit.

2 Du häkelst nun weiter in Reihen. Häkle in jeden Maschenbogen der Vorreihe 1 feste Masche. Am Ende der Reihe machst du 1 Wendeluftmasche und wendest deine Arbeit. Wiederhole diesen Schritt noch 13x.

8 Mache 3 Wendeluftmaschen und wende deine Arbeit. Dann häkelst du in jeden Maschenbogen der Vorreihe 1 Stäbchen.

9 Wiederhole Schritt 8, bis du 28 Reihen gehäkelt hast. Dabei wechselst du alle 2 Reihen die Farbe, damit die schicken Streifen entstehen. Du kannst den Faden dabei jeweils an der Seite mitführen, damit du ihn nicht immer wieder neu anknoten musst.

10 Am Ende schneidest du den Faden 20 cm vom Knäuel entfernt ab und ziehst die letzte Schlinge lang, bis das Fadenende durchrutscht. Dann vernähst du alle Fäden.

AUF DER NÄCHSTEN
SEITE GEHT'S WEITER

Ausarbeitung

1 Klappe dein gestreiftes Häkelstück mittig zusammen und nähe mithilfe eines Wollfadens und einer Stopfnadel die Kante mit Überwendlingsstichen zu, bei der du die Fäden mitgeführt hast. Vernähe auch hier alle Fäden. Die Kapuze ist entstanden.

2 Nimm nun wieder den Schal mit den Taschen zur Hand und knicke ihn mittig der Länge nach. Mit einem Garnrest in Himbeere markierst du dir die Mitte.

3 Lege die Mitte der Kapuze mit der Nahtkante genau an die Stelle, die du markiert hast. Dann nähst du die Kapuze mit Überwendlingsstichen an die Schalkante. Beginne dabei an der

markierten Stelle. Nähe zuerst die eine und dann die andere Kapuzenkante an. Klappe die letzten 3 cm der Kapuzenkanten beim Festnähen nach außen um, damit du später einen schönen Umschlag erhältst.

4 Zum Schluss nähst du mit Nähgarn und Nähnadel die Knöpfe auf die Taschenkanten. Wenn du möchtest, kannst du auch noch ein eigenes Labelschild herstellen (siehe Seite 20-21) und es auf eine Taschenseite nähen.

TIPP

Wenn du keine Taschen am Schal haben möchtest, kannst du auf das Umnähen der Taschen auch verzichten und die Reihen in Pink bereits mit Stäbchen häkeln. Dann kannst du die Enden des Kapuzenschals wie bei einem richtigen Schal lässig um den Hals legen.

Alltägliches

Hast du nicht auch manchmal das
Gefühl, die Welt könnte ein bisschen
bunter sein? Auf den folgenden Seiten
findest du viele verschiedene Ideen,
um mit etwas Wolle nützliche Alltags-
gegenstände in hübsche Einzelstücke
zu verwandeln. Schau dich einmal in
deinem Zimmer um – es gibt so viele
Sachen, die du (um)häkeln kannst.
Sicher braucht dein Kopfhörer noch
einen kuscheligen Bezug, dein Schlüs-
sel ein neues Band oder deine Wand
einen hübsch umhäkelten Bilderrahmen. Lass dich inspirieren!

Bunt bezogene Fahrradklingel

1 Runde 1: Beginne mit einem Magic Loop und häkle 7 feste Maschen hinein.

2 Runde 2: Ziehe behutsam am Anfangsfaden, damit sich der Magic Loop schließt. Häkle nun in jeden Maschenbogen 2 feste Maschen.

3 Runde 3: Häkle in jeden Maschenbogen der Vorrunde 1 feste Masche. In jedem 2. Maschenbogen nimmst du 1 Masche zu.

4 Runde 4: Häkle in dieser Runde in jeden Maschenbogen der Vorrunde 1 feste Masche und in jeden 3. Maschenbogen 2 feste Maschen.

5 Runde 5: Häkle in jeden Maschenbogen der Vorrunde 1 feste Masche und in jeden 4. Maschenbogen 2 feste Maschen.

6 Runde 6: Nun häkelst du in jeden Maschenbogen der Vorrunde 1 feste Masche und in jeden 5. Maschenbogen 2 feste Maschen.

7 Lege deinen gehäkelten Kreis probeweise mittig auf die Fahrradklingel. Sobald rundherum noch ein Rand von 0,5 cm der Klingel zu sehen ist, folgen keine Runden mit Zunahmen mehr. Je nach Größe musst du eventuell bei deiner Fahrradklingel noch weitere Runden mit gleichmäßigen Zunahmen häkeln.

8 Runde 7-10: Häkle je 1 feste Masche in jeden Maschenbogen der Vorrunde. Bei dir können es mehr oder weniger Runden sein, je nachdem wie hoch deine Fahrradklingel ist.

9 Runde 11: Häkle je 1 feste Masche in jeden Maschenbogen der Vorrunde. Jede 5. und 6. Masche häkelst du dabei zusammen ab.

10 Runde 12: Häkle in jeden Maschenbogen der Vorrunde 1 feste Masche. Schneide am Ende deinen Faden 15 cm vom Knäuel entfernt ab und ziehe die letzte Schlinge lang, bis das Fadenende durchrutscht. Vernähe alle Fäden.

11 Jetzt stülpst du den Bezug über den oberen Teil der Fahrradklingel. Dies sollte nicht zu einfach gehen, da der Bezug schön gespannt über der Klingel liegen sollte. Sitzt der Bezug zu locker, kannst du ihn auch mit Klebstoff festkleben.

Bezug mit Schmetterling

Häkle 3 Runden in Apfel, 2 Runden in Lagune, 2 Runden in Apfel, 2 Runden in Lagune und zuletzt 3 Runden in Kamelie. Anschließend nähst du mithilfe von Nähgarn und Nähnadel den Schmetterlingsknopf auf.

Bezug in Pastelltönen

Die ersten 2 Reihen häkelst du in Kamelie, dann wechselst du nach jeder Runde die Farbe. Der Farbwechsel gelingt am besten, wenn du den neuen Faden anknotest, bei der letzten Masche der Reihe den Faden in der alten Farbe holst und die Masche in der neuen Farbe abhäkelst. Die Farbfolge ist stets: Kamelie, Flieder, Mint und Zartgelb.

TIPP
Du kannst den Bezug auch anders gestalten, z. B. in nur einer Farbe und Perlen aufnähen oder du häkelst zusätzlich kleine Kreise (siehe Schritt 1+2) und klebst sie auf den Bezug.

Bunte Bilderrahmen

Hinweis: Es gibt Ringe in verschiedenen Ausführungen, z. B. aus Metall, Bambus oder Plastik, die du als Bilderrahmen verwenden kannst.

GRÖSSE: ø 10 cm, 13 cm und 18 cm

MATERIAL

- Rahmen in Türkis

  Rest Schachenmayr original Micro Grande in Türkis (Fb 00167)

  Bambusring, ø 10 cm

- Rahmen in Hellgrün

  Rest Schachenmayr original Micro Grande in Kiwi (Fb 00172)

  Bambusring, ø 13 cm

- Rahmen in Rosa

  Schachenmayr original Micro Grande in Orchidee (Fb 00148), 100 g

  Bambusring, ø 18 cm

- Rahmen in Rot

  Rest Schachenmayr original Micro Grande in Kirsche (Fb 00130)

  Bambusring, ø 10 cm

  Rocailles in Weiß, ø 3 mm

  Nähnadel und Nähgarn

- Rahmen in Dunkeltürkis

  Schachenmayr original Micro Grande in Capri (Fb 00168), 100 g

  Metallring, ø 18 cm

  Rocailles in Silbermetallic, ø 3 mm

  Nähnadel und Nähgarn

- Häkelnadel Nr. 4

- Schere

- Stopfnadel

WAS DU HIER ÜBEN KANNST:

Luftmaschen, feste Maschen, Stäbchen, Bogenkante

1a

1b

1c

1 Nimm dir einen Ring zur Hand und knote das Garn an. Halte das kurze Fadenende fest und ziehe mit der Nadel den Arbeitsfaden einmal durch den Ring, sodass eine Schlinge auf der Häkelnadel liegen bleibt. Dann holst du wie gewohnt den Faden und ziehst ihn durch die Schlinge.

2 Jetzt häkelst du feste Maschen um den Ring. Den Faden holst du dabei wie in Schritt 1 beschrieben und maschst dann die beiden Schlingen ab. Da der Ring sehr steif ist, kann das am Anfang ein bisschen knifflig sein. Doch mit etwas Übung findest du schnell die ideale Handhaltung dafür.

3 Umhäkle den Ring, bis du ihn nicht mehr siehst und alles mit Garn bedeckt ist. Beim kleinsten Ring sind das etwa 120 Maschen, beim mittleren Ring etwa 150 Maschen und beim großen Ring etwa 200 Maschen.

4 Sobald du wieder am Anfang angekommen bist, häkelst du in den 1. Maschenbogen 1 feste Masche, um alles miteinander zu verbinden.

5 Häkle in jeden Maschenbogen der Vorrunde rundum je 1 feste Masche. Bist du wieder am Rundenanfang angekommen, musst du dich entscheiden, ob du als Abschlusskante die kleinen Bögen oder die Kante mit den Löchern häkeln möchtest.

AUF DER NÄCHSTEN SEITE GEHT'S WEITER

Bogenkante

1 Häkle 1 feste Masche in den 1. Maschenbogen der Vorrunde. Dann machst du 2 Luftmaschen und häkelst noch einmal 3 Stäbchen in denselben Maschenbogen. Verbinde die Stäbchen anschließend mit dem Ring, indem du die nächsten 3 Maschenbogen überspringst und in den 4. Maschenbogen 1 Kettmasche häkelst.

2 Umhäkle den kompletten Ring wie in Schritt 1 beschrieben. Sollten am Ende noch Maschenbogen übrig sein, häkelst du die letzten Maschen mit Kettmaschen und schneidest anschließend den Faden 15 cm vom Knäuel entfernt ab. Ziehe die letzte Schlinge lang, bis das Fadenende durchrutscht und vernähe alle Fäden.

3 Wenn du möchtest, kannst du die Kante nun noch verzieren, indem du mit Nähnadel und Garn kleine Rocailles aufnähst.

Kante mit Löchern

Schlage 5 Luftmaschen an, überspringe 3 Maschenbogen der Vorrunde und befestige die Luftmaschenkette mit 1 Kettmasche am 4. Maschenbogen. Wiederhole diesen Schritt, bis du wieder am Rundenanfang angekommen bist. Sollten am Ende noch Maschenbogen übrig sein, häkelst du die letzten Maschen mit Kettmaschen und schneidest anschließend den Faden 15 cm vom Knäuel entfernt ab. Ziehe die letzte Schlinge lang, bis das Fadenende durchrutscht und vernähe alle Fäden.

TIPP
Du kannst auch alte Armreifen, die du nicht mehr trägst, umhäkeln und sie auf diese Weise recyceln und als Mini-Bilderrahmen verwenden.

Für unterwegs

Hinweis: Umhäkle jeden Kabelabschnitt separat, also zuerst das Kabel am Stecker und danach jeweils die beiden Abschnitte, die zum Ohrstöpsel führen.

GRÖSSE: wie dein Kabel

MATERIAL
- Rest Schachenmayr original Micro Grande in Pink (Fb 00136)
- Kopfhörerkabel
- 2 Knöpfe in Gelb matt, ø 2,5 cm
- Häkelnadel Nr. 3
- Schere
- Stopfnadel
- Nähnadel und Nähgarn

WAS DU HIER ÜBEN KANNST:
feste Maschen

4 Jetzt häkelst du feste Maschen um das ganze Kabel. Den Faden holst du dabei wie in Schritt 3 beschrieben und maschst dann die beiden Schlingen ab. Achte beim Häkeln darauf, dass das Kabel stets etwas gebogen ist. Wenn deine Schlingen um das Kabel nicht so dicht liegen, dann häkle zunächst weiter und schiebe die Schlingen zum Schluss mit den Fingern dicht zusammen.

5 Schneide den Faden 15 cm vom Knäuel entfernt ab und ziehe die letzte Schlinge lang, bis das Fadenende durchrutscht. Vernähe die Fadenenden mit der Stopfnadel.

6 Als Letztes legst du 1 Knopf vor und 1 Knopf hinter die Stelle, an der das Kabel sich verzweigt und nähst die Knöpfe gegeneinander fest.

1 Knote das Garn dort an das Kabel, wo der Stecker ist.

2 Biege das Kabel so um, dass du ein Stück vom Kabel und den Stecker gleichzeitig festhalten kannst. Dabei bildet das Kabel eine kleine Schlinge.

3 Halte das Fadenende ebenfalls mit fest, führe die Häkelnadel durch die Kabelschlinge und ziehe den Arbeitsfaden hindurch. Nun hast du eine Schlinge auf der Häkelnadel, holst wie gewohnt den Faden und ziehst ihn durch die Schlinge.

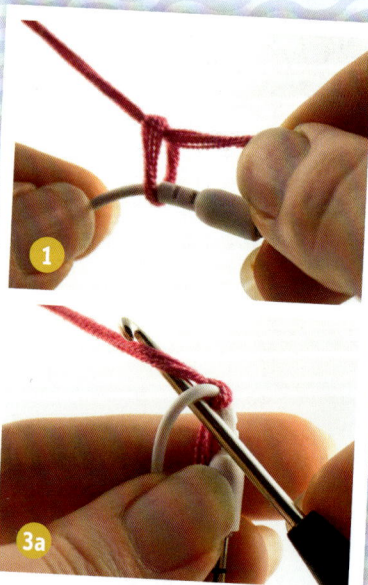

TIPP
Anstatt der Knöpfe kannst du dir auch kleine, farblich passende Blüten häkeln (siehe Seite 42) und diese annähen.

Immer griffbereit

Schlüsselband mit Knopf

1 Schlage 6 Luftmaschen in Natur an, stich in die 5. Luftmasche ein und häkle die Reihe mit festen Maschen zurück. Am Ende machst du 1 Wendeluftmasche und wendest deine Arbeit.

2 Häkle die folgende Reihe ebenfalls mit festen Maschen.

3 Wiederhole Schritt 2 insgesamt 19x. Dann knotest du den Faden in Lachs an und häkelst wie beschrieben weitere 21 Reihen. Der Farbübergang wird dabei am saubersten, wenn du bei der letzten Masche der Reihe den Faden in der alten Farbe holst und die Masche in der neuen Farbe abhäkelst.

4 Knote nun den Faden in Pool an und häkle weitere 78 Reihen.

5 Wechsle noch einmal die Farben und häkle zuerst 21 Reihen in Lachs, dann 21 Reihen in Natur.

6 Führe ein Ende des gehäkelten Streifens durch den Karabinerring und lege die Enden deckungsgleich aufeinander. Dann häkelst du die Maschenbogen der beiden Streifenenden mit Kettmaschen zusammen.

7 Schneide den Faden 15 cm vom Knäuel entfernt ab und ziehe die letzte Schlinge lang, bis das Fadenende durchrutscht. Vernähe alle Fäden.

8 Wende das Schlüsselband innerhalb des D-Rings, damit die gehäkelte Naht innen liegt.

9 Damit das Band nicht verrutscht, fädelst du nun einen Faden in Natur in die Stopfnadel und nähst mit einigen Heftstichen eine Naht knapp hinter dem D-Ring quer durch alle Lagen.

10 Damit sich das Band nicht verdreht und schön fällt, solltest du es noch mit Stecknadeln nass spannen. (siehe Seite 19).

11 Zum Schluss nähst du noch einen Knopf mithilfe von Nähgarn und Nähnadel an.

Schlüsselband mit Label

Dieses Schlüsselband häkelst du genauso wie links beschrieben, nur mit Garn in Mohn, Billardgrün und Maigrün. Fertige dir zum Schluss noch ein schönes Label an und nähe es auf das Band.

Mobiles Ladestation-Täschchen

1 Schlage 22 Luftmaschen und 1 Wendeluftmasche in Pink an.

2 Reihe 1: Häkle die komplette Reihe mit festen Maschen zurück, mache am Ende 1 Wendeluftmasche und wende deine Arbeit.

3 Reihe 2: Häkle in jeden Maschenbogen der Vorreihe 1 feste Masche, mache am Ende 1 Wendeluftmasche und wende deine Arbeit.

4 Reihe 3-5: Wiederhole Schritt 3.

5 Reihe 6: Nun häkelst du den Schlitz zum Aufhängen an der Steckdose. Häkle dafür die ersten 5 festen Maschen wie gewohnt und anschließend 12 Luftmaschen. Überspringe die nächsten 12 Maschenbogen in der Vorreihe, stich in den 17. Maschenbogen ein und häkle feste Maschen bis ans Reihenende. Dann häkelst du 1 Wendeluftmasche und wendest deine Arbeit.

6 Reihe 7: Häkle in alle Maschenbogen der Vorreihe feste Maschen, auch in die Maschen der Luftmaschenkette. Am Ende häkelst du wieder 1 Wendeluftmasche und wendest deine Arbeit.

7 Reihe: 8-36: Wiederhole Schritt 3.

8 Knote nun einen Faden in Türkis an. Der Farbübergang wird dabei am saubersten, wenn du bei der letzten Masche der Reihe den Faden in der alten Farbe holst und die Masche in der neuen Farbe abhäkelst. Häkle anschließend 1 Wendeluftmasche und wende deine Arbeit.

9 Reihe 37-64: Wiederhole Schritt 3.

10 Schneide den Faden 15 cm vom Knäuel entfernt ab und vernähe alle Fäden.

11 Knicke den gehäkelten Streifen nun an der Stelle, wo die Farben wechseln und lege die Hälften übereinander.

12 Knote am Knick einen Faden in Türkis an.

5a

5b

8

11

13a

13b

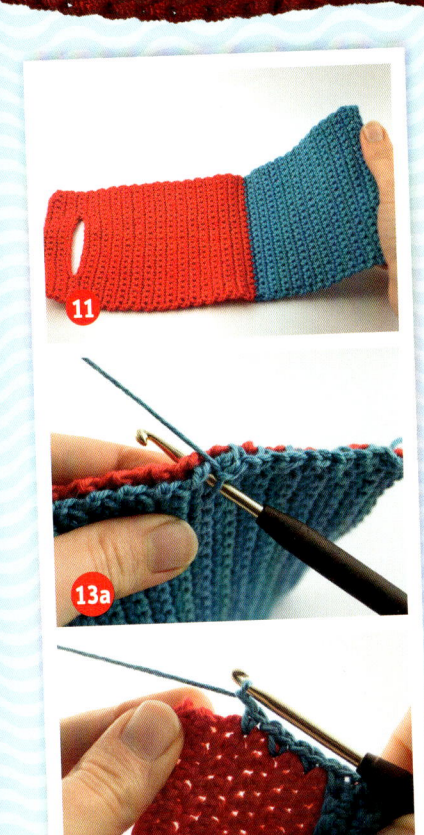

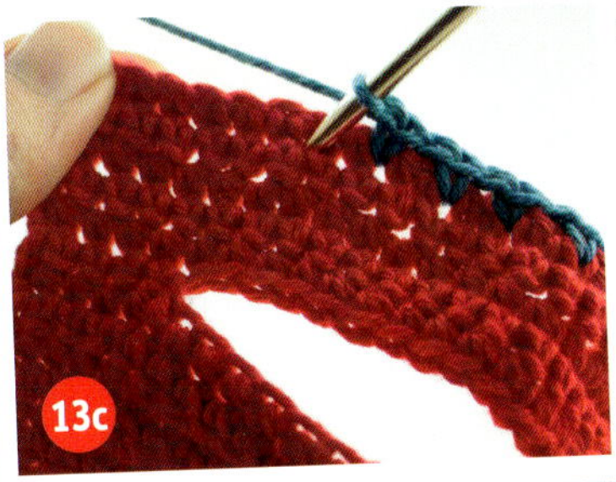
13c

13 Stich mit der Häkelnadel durch ein Maschenloch und häkle mit dem Faden in Türkis 1 feste Masche. Anschließend häkelst du rundherum in jedes 2. Maschenloch je 1 feste Masche und 1 Luftmasche. An den Stellen, wo beide Farben übereinanderlappen, stichst du beim Häkeln durch beide Lagen. So verbinden sie sich und es entsteht eine Tasche.

14 Schneide den Faden 15 cm vom Knäuel entfernt ab und ziehe die letzte Schlinge lang, bis das Fadenende durchrutscht. Vernähe alle Fäden.

AUF DER NÄCHSTEN SEITE GEHT'S WEITER

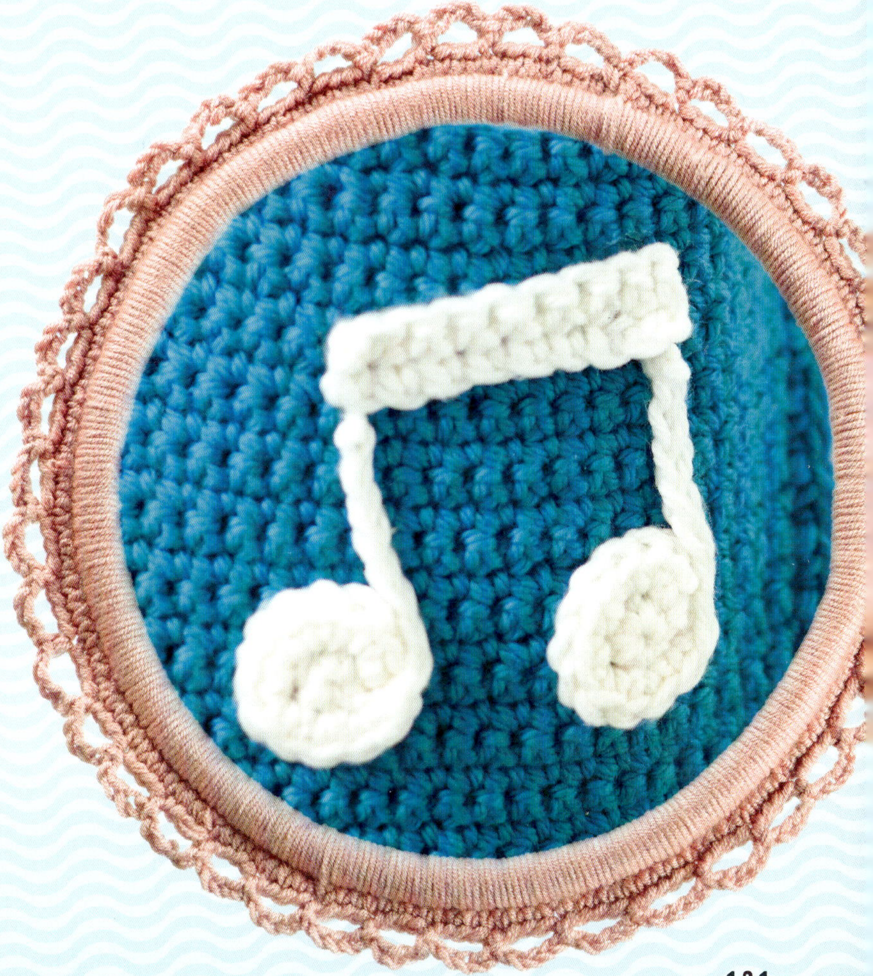

Noten

1 Für die Noten machst du einen Magic Loop in Weiß und häkelst 7 feste Maschen hinein. In der 2. Runde verdoppelst du alle Maschen der Vorrunde, indem du in jeden Maschenbogen 2 feste Maschen häkelst. Zum Schluss häkelst du noch 8 Luftmaschen. Ziehe am Anfangsfaden, damit sich der Magic Loop schließt. Schneide den Faden 15 cm vom Knäuel entfernt ab und ziehe die letzte Schlinge lang, bis das Fadenende durchrutscht. Vernähe alle Fäden.

2 Häkle eine zweite Note wie in Schritt 1 beschrieben.

3 Für den Notenbalken schlägst du 9 Luftmaschen an und arbeitest die Reihe mit festen Maschen zurück. Am Ende machst du 1 Wendeluftmasche, wendest deine Arbeit und häkelst 1 weitere Reihe mit festen Maschen. Schneide am Reihenende den Faden 15 cm vom Knäuel entfernt ab und ziehe die letzte Schlinge lang, bis das Fadenende durchrutscht. Vernähe auch hier alle Fäden.

4 Trage auf die Taschenvorderseite etwas Klebstoff auf und lege die Notenteile darauf. Drücke das Ganze vorsichtig fest und lass den Klebstoff gut durchtrocknen.

5 Als Letztes spannst du deine Ladestation (siehe Seite 19), damit sie richtig schön flach liegt.

TIPP
Du kannst die Noten auch aus weißem Filz ausschneiden und sie anschließend auf deine Ladestation kleben.

Tierische Kopfhörer

Hinweis: Da alle Kopfhörer etwas anders sind, musst du bei diesem Modell während des Häkelns immer wieder mal etwas herumprobieren und eventuell mehr Luftmaschen wie am Anfang angegeben anschlagen (siehe Schritt 1).

GRÖSSE: entspricht deinem Kopfhörer

MATERIAL
- Schachenmayr original Boston in Burgund (Fb 00132), 50 g
- Rest Schachenmayr original Boston in Rosa (Fb 00134)
- Kopfhörer
- Häkelnadel Nr. 7
- Schere
- Stopfnadel
- Klebstoff
- Sicherheitsnadel

WAS DU HIER ÜBEN KANNST:
Luftmaschen, feste Maschen, Zunahmen

1 Schlage 7 Luftmaschen an. Lege die Luftmaschen um den Bogen des Kopfhörers zu einem Ring und verbinde die erste und die letzte Luftmasche mit 1 festen Masche. Der Kopfhörerbogen ist nun vom Luftmaschenring umschlossen. Da jeder Kopfhörer etwas anders ist, musst du hier etwas herumprobieren und gegebenenfalls mehr oder weniger Luftmaschen anschlagen. Der Luftmaschenring sollte in jedem Fall locker und mit viel Luft um das Kopfhörergestänge passen.

2 Nun häkelst du rundherum feste Maschen in die Maschenbogen der Luftmaschenkette.

3 Fahre auf diese Art und Weise Runde für Runde fort, bis der Schlauch, der dabei entsteht, das gesamte Kopfhörergestänge einschließt. Setze dabei hin und wieder mit der Nadel ab, sichere die Schlinge mit einer Sicherheitsnadel und setze den Hörer zur Probe auf. Da sich der Kopfhörer beim Tragen etwas auseinanderschiebt,

kannst du so prüfen, ob dein gehäkelter Schlauch lang genug ist, um ihn komplett zu bedecken.

4 Schneide den Faden 15 cm von der Häkelnadel entfernt ab und ziehe die letzte Schlinge lang, bis das Fadenende durchrutscht. Vernähe alle Fäden.

Ohren

1 Für die Ohren beginnst du mit einem Magic Loop in Burgund und häkelst 7 feste Maschen hinein.

2 Häkle 1 Wendeluftmasche und wenden deine Arbeit. Nun häkelst du in jeden Maschenbogen der Vorrunde 1 feste Masche, in jeden 2. Maschenbogen häkelst du 2 feste Maschen. Häkle am Ende 1 Wendeluftmasche und wende deine Arbeit.

3 Häkle in jeden Maschenbogen der Vorrunde 1 feste Masche.

AUF DER NÄCHSTEN SEITE GEHT'S WEITER

4 Wiederhole Schritt 2.

5 Häkle in jeden Maschenbogen der Vorrunde 1 feste Masche.

6 Wiederhole noch einmal Schritt 2 und 3, dann schneidest du den Faden 15 cm vom Knäuel entfernt ab und ziehst die letzte Schlinge lang, bis das Fadenende durchrutscht. Ziehe auch noch einmal am Faden des Magic Loops, damit er sich schön fest schließt. Vernähe alle Fäden.

7 Häkle das Innenohr mit Garn in Rosa wie in Schritt 1-3 beschrieben. Am Ende schneidest du auch hier den Faden 15 cm vom Knäuel entfernt ab und ziehst die letzte Schlinge lang, bis das Fadenende durchrutscht. Dann vernähst du alle Fäden.

8 Bestreiche die Rückseite des Innenohrs mit Klebstoff und drücke es mittig auf das Ohr. Der Klebstoff sollte vor dem Annähen der Ohren gut durchtrocknen – am besten über Nacht.

9 Nähe die Öhrchen mithilfe einer Stopfnadel und eines Garnrests in Burgund mit Überwendlingsstichen links und rechts an den Schlauch. Ziehe den Faden dabei stets schön fest, sonst hast du nachher Schlappohren.

Sanfte Türstopper

GRÖSSE: ca. 18 cm hoch

MATERIAL

- **Katze in Lila**

  Schachenmayr Original Catania Grande in Clematis (Fb 03282), 100 g

  Schachenmayr Original Catania Grande in Kamelie (Fb 03252), 50 g

  Rest Schachenmayr Original Catania in Natur (Fb 00105) und in Schwarz (Fb 00110)

- **Katze in Türkis**

  Schachenmayr Original Catania Grande in Lagune (Fb 03207), 100 g

  Schachenmayr Original Catania Grande in Orange (Fb 030281), 50 g

Rest Schachenmayr Original Catania in Natur (Fb 00105) und in Schwarz (Fb 00110)

- 2 Tieraugen in Schwarz, ø 8 mm
- 1 Tiernase in Schwarz
- Nylonstrumpf
- 250 g Linsen
- Füllwatte
- Häkelnadel Nr. 3 und 5
- Schere
- Stopfnadel
- Nähnadel und Nähgarn
- weißer Bastelleim
- Sicherheitsnadel

WAS DU HIER ÜBEN KANNST:
Luftmaschen, Kettmaschen, feste Maschen, Zunahmen

Katze in Lila

1 Runde 1: Mache mit der Häkelnadel Nr. 5 einen Magic Loop in Clematis und häkle 9 feste Maschen hinein. Ziehe behutsam am Faden, damit sich der Magic Loop schließt.

2 Runde 2: Häkle in jeden Maschenbogen der Vorrunde 2 feste Maschen. Lege dir dabei einen kontrastfarbenen Faden an den Rundenanfang, um ihn zu markieren.

3 Runde 3: Häkle in jeden Maschenbogen der Vorrunde 1 feste Masche.

4 Runde 4: Häkle in jeden Maschenbogen der Vorrunde 1 feste Masche, in jeden 2. Maschenbogen häkelst du 2 feste Maschen.

5 Runde 5: Häkle in jeden Maschenbogen der Vorrunde 1 feste Masche.

6 Runde 6: Häkle in jeden Maschenbogen der Vorrunde 1 feste Masche, in jeden 3. Maschenbogen häkelst du 2 feste Maschen.

7 Runde 7: Häkle in jeden Maschenbogen der Vorrunde 1 feste Masche.

8 Runde 8: Häkle in jeden Maschenbogen der Vorrunde 1 feste Masche, in jeden 4. Maschenbogen häkelst du 2 feste Maschen.

17 Runde 28: Häkle in jeden Maschenbogen der Vorrunde 1 feste Masche.

18 Runde 29: Beginne nun mit der Maschenabnahme. Häkle in jeden Maschenbogen der Vorrunde 1 feste Masche und dabei jede 6. und 7. feste Masche zusammen ab.

19 Runde 30: Häkle in jeden Maschenbogen der Vorrunde 1 feste Masche.

20 Runde 31: Häkle in jeden Maschenbogen der Vorrunde 1 feste Masche und dabei jede 5. und 6. feste Masche zusammen ab.

21 Runde 32: Häkle in jeden Maschenbogen der Vorrunde 1 feste Masche.

22 Runde 33: Häkle in jeden Maschenbogen der Vorrunde 1 feste Masche und dabei jede 4. und 5. feste Masche zusammen ab.

23 Runde 34-40: Häkle in jeden Maschenbogen der Vorrunde 1 feste Masche.

24 Befestige nun eine Sicherheitsnadel in der letzten Schlinge, bis du weiterhäkelst.

AUF DER NÄCHSTEN SEITE GEHT'S WEITER

13 Runde 13-15: Häkle in jeden Maschenbogen der Vorrunde 1 feste Masche.

14 Runde 16-17: Knote den Faden in Kamelie an und häkle in jeden Maschenbogen der Vorrunde 1 feste Masche.

15 Runde 18-19: Jetzt knotest du wieder das Garn in Clematis an und häkelst in jeden Maschenbogen der Vorrunde 1 feste Masche.

16 Runde 20-27: In den folgenden Runden häkelst du in jeden Maschenbogen der Vorrunde 1 feste Masche. Beachte dabei die Farbfolge: Runde 20-21 häkelst du in Kamelie, Runde 22-23 in Clematis, Runde 24-25 in Kamelie und Runde 26-27 wieder in Clematis.

9 Runde 9: Häkle in jeden Maschenbogen der Vorrunde 1 feste Masche.

10 Runde 10: Häkle in jeden Maschenbogen der Vorrunde 1 feste Masche, in jeden 5. Maschenbogen häkelst du 2 feste Maschen.

11 Runde 11: Häkle in jeden Maschenbogen der Vorrunde 1 feste Masche.

12 Runde 12: Häkle in jeden Maschenbogen der Vorrunde 1 feste Masche, in jeden 6. Maschenbogen häkelst du 2 feste Maschen.

25 Fülle den Nylonstrumpf mit den Linsen und verschließe ihn mit einem Knoten. Dann legst du den Strumpf in den Katzenkörper.

26 Fülle die Katze mit Füllwatte auf, bis sie schön prall und dick ist.

27 Lege nun die Randöffnung platt aufeinander. Entferne die Sicherheitsnadel und führe die Häkelnadel wieder ein. Dann häkelst du die sich gegenüberliegenden Maschenglieder mit Kettmaschen zusammen, bis die Katze verschlossen ist. Schneide den Faden 15 cm vom Knäuel entfernt ab und ziehe die letzte Schlinge lang, bis das Fadenende durchrutscht. Vernähe alle Fäden.

28 Für das Auge häkelst du mit der Häkelnadel Nr. 3 einen kleinen Kreis in Natur. Wiederhole dafür die Schritte 1-5 und vernähe anschließend alle Fäden.

29 Nähe mithilfe von Nähnadel und Nähgarn die Augen und die Nase auf. Achte darauf, möglichst komplett durch den ganzen Katzenkörper zu stechen, damit die Knopfteile schön festsitzen.

30 Befestige mit etwas Klebstoff die Ränder des hellen Augenkreises. Für die Schnauze und die Ohren ziehst du mit Kleber eine Spur und legst die Garnfäden darauf. Lass das Ganze gut trocknen. Weißer Bastelleim ist nach dem Trocknen übrigens nicht mehr sichtbar.

Katze in Türkis

Die Katze in Türkis häkelst du genauso wie die lila Katze. Beginne hier jedoch mit dem Garn in Lagune und arbeite die Streifen in den Runden 16-17, 20-21 und 24-25 in Orange.

Flauschige Coffee Cozys

GRÖSSE: ca. 10 cm breit

MATERIAL

- Schachenmayr Original Merino Extrafine 85 in Pool (Fb 00265), 50 g
- Schachenmayr Original Merino Extrafine 85 in Koralle (Fb 00234), 50 g
- Material für 2 Labelschilder
- Bastelfilzrest in Hellrosa und Hellblau, ca. 3 cm x 3,5 cm
- Häkelnadel Nr. 4
- Schere
- Stopfnadel
- Nähnadel und Nähgarn
- Klebstoff

WAS DU HIER ÜBEN KANNST:
Luftmaschen, feste Maschen, Zunahmen

1 Schlage 36 Luftmaschen mit Garn in Pool an.

2 Runde 1: Verbinde die Luftmaschenkette zu einem Ring, indem du die erste und die letzte Luftmasche mit 1 festen Masche verbindest. Achte darauf, dass die Luftmaschenkette dabei nicht in sich verdreht ist.

3 Runde 2: Häkle in jede 2. Luftmasche 1 feste Masche und 1 Luftmasche. Das machst du reihum.

4 Runde 3: Zwischen den festen Maschen ist nun ein kleines Loch, ein sogenannter Luftmaschenbogen, entstanden. Häkle in jeden Luftmaschenbogen der Vorrunde je 1 feste Masche und 1 Luftmasche. Dies ist das Grundmuster.

5 Runde 4: Häkle wie gehabt im Grundmuster. Bei jedem 12. Luftmaschenbogen häkelst du jedoch 1 Zunahme, indem du in den Luftmaschenbogen 2 feste Maschen und 1 Luftmasche häkelst.

6 Runde 5: Häkle im Grundmuster wie in Schritt 4 beschrieben.

7 Runde 6: Häkle wie gehabt im Grundmuster. Bei jedem 13. Luftmaschenbogen häkelst du jedoch 1 Zunahme, indem du in den Luftmaschenbogen 2 feste Maschen und 1 Luftmasche häkelst.

8 Runde 7-13: Fahre im Grundmuster fort. Anschließend schneidest du den Faden 15 cm vom Knäuel entfernt ab und vernähst alle Fäden.

9 Fertige den zweiten Becherhalter wie in den Schritten 1-8 beschrieben mit Garn in Koralle an.

10 Jetzt fehlt nur noch die Verzierung. Fertige 2 kleine quadratische Labelschilder (siehe Seite 20-21) mit einer Breite von 2,5 cm an. Dann nähst du die kleinen Rechtecke aus Bastelfilz mittig auf deine Coffee Cozys.

11 Klebe die Labels mit Klebstoff auf die Bastelfilzstücke. Nun kannst du die Becherhalter über einen Becher stülpen und mit deiner besten Freundin eine heiße Schokolade genießen.

TIPP
Statt der Labels kannst du auch bunte Knöpfe für dich und deine beste Freundin aufnähen.

Körbchen für allerlei Krimskrams

Hinweis: Für das kleine Körbchen häkelst du Schritt 1-12 und Schritt 21-26. Für das mittlere Körbchen häkelst du Schritt 1-16 und 21-26. Für das große Körbchen häkelst du alle Schritte.

GRÖSSE:
ca. ø 13 cm, 16 cm und 21 cm

MATERIAL
- Kleines Körbchen
  Schachenmayr original Catania Grande in Kamelie (Fb 03252), 100 g
  Sprühfarbe in Weiß

- Mittleres Körbchen
  Schachenmayr original Catania Grande in Zartgelb (Fb 03206), 150 g
  Sprühfarbe in Himmelblau

- Großes Körbchen
  Schachenmayr original Catania Grande in Capri (Fb 03284), 200 g
  Sprühfarbe in Pink

- Häkelnadel Nr. 5
- Schere
- Stopfnadel
- Malerkrepp

WAS DU HIER ÜBEN KANNST:
Magic Loop, Kettmaschen, feste Maschen in Runden, Zunahmen, Stäbchen

1 Runde 1: Beginne mit einem Magic Loop und häkle 10 feste Maschen hinein. Anschließend ziehst du behutsam am Faden, damit sich der Magic Loop schließt.

2 Runde 2: Verbinde die erste und die letzte Masche der Runde mit 1 Kettmasche. Lege dir einen kontrastfarbenen Faden an den Rundenanfang, um ihn zu markieren und häkle in jeden Maschenbogen der Vorrunde je 2 feste Maschen. Versetze den Kontrastfaden im Laufe der folgenden Runden dabei immer wieder an den aktuellen Rundenanfang.

3 Runde 3: Häkle in jeden Maschenbogen der Vorrunde 1 feste Masche.

4 Runde 4: Häkle in jeden Maschenbogen der Vorrunde 1 feste Masche, in jeden 2. Maschenbogen häkelst du 2 feste Maschen.

5 Runde 5: Häkle in jeden Maschenbogen der Vorrunde 1 feste Masche.

6 Runde 6: Häkle in jeden Maschenbogen der Vorrunde 1 feste Masche, in jeden 3. Maschenbogen häkelst du 2 feste Maschen.

7 Runde 7: Häkle in jeden Maschenbogen der Vorrunde 1 feste Masche.

8 Runde 8: Häkle in jeden Maschenbogen der Vorrunde 1 feste Masche, in jeden 4. Maschenbogen häkelst du 2 feste Maschen.

12

22a

22b

22c

9 Runde 9: Häkle in jeden Maschenbogen der Vorrunde 1 feste Masche.

10 Runde 10: Häkle in jeden Maschenbogen der Vorrunde 1 feste Masche, in jeden 5. Maschenbogen häkelst du 2 feste Maschen.

11 Runde 11: Häkle in jeden Maschenbogen der Vorrunde 1 feste Masche.

12 Runde 12: Häkle in jeden Maschenbogen der Vorrunde 1 feste Masche, in jeden 6. Maschenbogen häkelst du 2 feste Maschen.

13 Runde 13: Häkle in jeden Maschenbogen der Vorrunde 1 feste Masche.

14 Runde 14: Häkle in jeden Maschenbogen der Vorrunde 1 feste Masche, in jeden 7. Maschenbogen häkelst du 2 feste Maschen.

15 Runde 15: Häkle in jeden Maschenbogen der Vorrunde 1 feste Masche.

16 Runde 16: Häkle in jeden Maschenbogen der Vorrunde 1 feste Masche, in jeden 8. Maschenbogen häkelst du 2 feste Maschen.

17 Runde 17: Häkle in jeden Maschenbogen der Vorrunde 1 feste Masche.

18 Runde 18: Häkle in jeden Maschenbogen der Vorrunde 1 feste Masche, in jeden 7. Maschenbogen häkelst du 2 feste Maschen.

19 Runde 19: Häkle in jeden Maschenbogen der Vorrunde 1 feste Masche.

20 Runde 20: Häkle in jeden Maschenbogen der Vorrunde 1 feste Masche, in jeden 8. Maschenbogen häkelst du 2 feste Maschen.

21 Runde 21-33: Häkle in jeden Maschenbogen der Vorrunde 1 feste Masche.

22 Jetzt häkelst du die Bogenkante. Mache 3 Luftmaschen und verbinde diese mit 1 Kettmasche mit der 2. Masche rechts daneben. Anschließend häkelst du in die gleiche Masche, in der die Luftmaschen ihren Ursprung haben, noch 3 Stäbchen ein. Danach häkelst du 1 Kettmasche in den übernächsten Maschenbogen der Vorrunde.

AUF DER NÄCHSTEN SEITE GEHT'S WEITER

23 Häkle in den übernächsten Maschenbogen 4 Stäbchen und verbinde diese mit 1 Kettmasche mit dem übernächsten Maschenbogen der Vorrunde.

24 Nun häkelst du die Bogenkante wie in Schritt 23 beschrieben rund um das Körbchen.

25 Sollten am Rundenende noch Maschenbogen der Vorrunde übrig sein, füllst du sie bis zum Rundenanfang mit Kettmaschen.

26 Schneide den Faden 15 cm vom Knäuel entfernt ab und ziehe die letzte Schlinge lang, bis das Fadenende durchrutscht. Vernähe alle Fäden.

27 Mit Malerkrepp klebst du jetzt entlang der Innenseite die Wellenkante ab. Ziehe dir dann ein altes Hemd über und suche dir einen Platz im Freien. Nun sprühst du mit Sprühfarbe die Innenseite der Schälchen an. Lasse das Ganze gut trocknen. Sollte die Farbe beim ersten Mal nicht ganz decken,

besprühst du das Körbchen einfach ein zweites Mal. Wenn alles trocken ist, entfernst du den Malerkrepp und schlägst die Kante des Schälchens nach außen um.

TIPP
Du kannst die Schälchen innen auch mit Farbe bemalen, anstatt sie anzusprühen. Verwende dafür allerdings eine schnelltrocknende und dickflüssige Farbe, da die Farbe sonst nach außen durchsickert. Empfehlenswert ist hier Acrylfarbe.

Putzige Mini-Matroschkas

GRÖSSE: ca. 13 cm hoch

MATERIAL

- Matroschka mit Herz

  Schachenmayr original Catania in Violett (Fb 00113), 50 g

  Schachenmayr original Catania in Kamelie (Fb 00252), 50 g

  Rest Schachenmayr original Catania in Jade (Fb 00253)

  Zackenlitze in Hellblau, 20 cm lang

  Herzknopf, ca. ø 1,8 cm

- Matroschka mit Blümchen

  Schachenmayr original Catania in Erdbeer (Fb 00258), 50 g

  Schachenmayr original Catania in Jade (Fb 00253), 50 g

  Rest Schachenmayr original Catania in Violett (Fb 00113)

  6 Blümchenpailletten Snow, ca. ø 1 cm

  6 Rocailles in Pastellfarben, ø 3 mm

- Füllwatte
- Bastelfilz in Haut
- Thermontransferfolie
- Häkelnadel Nr. 3
- Schere
- Stopfnadel
- Nähnadel und Nähgarn
- Lineal
- Zirkel oder Glas, ca. ø 4 cm
- Filzstifte
- Klebstoff
- Stecknadeln

WAS DU HIER ÜBEN KANNST:

Magic Loop, feste Maschen in Runden, Zunahmen, Abnahmen

Matroschka mit Herz

1 Runde 1: Mache einen Magic Loop in Violett und häkle 11 feste Maschen hinein. Ziehe behutsam am Faden, damit sich der Magic Loop schließt.

2 Runde 2: Lege einen kontrastfarbenen Faden an den Rundenanfang, um ihn zu markieren. Dann häkelst du in jeden Maschenbogen der Vorrunde 2 feste Maschen. Versetze den Kontrastfaden im Laufe der folgenden Runden dabei immer wieder an den aktuellen Rundenanfang.

3 Runde 3: Häkle in jeden Maschenbogen der Vorrunde 1 feste Masche.

4 Runde 4: Häkle in jeden Maschenbogen der Vorrunde 1 feste Masche, in jeden 2. Maschenbogen häkelst du 2 feste Maschen.

5 Runde 5: Häkle in jeden Maschenbogen der Vorrunde 1 feste Masche.

6 Runde 6: Häkle in jeden Maschenbogen der Vorrunde 1 feste Masche, in jeden 3. Maschenbogen häkelst du 2 feste Maschen.

7 Runde 7-16: Häkle in jeden Maschenbogen der Vorrunde 1 feste Masche.

8 Runde 17: Häkle in jeden Maschenbogen der Vorrunde 1 feste Masche, in jeden 4. Maschenbogen häkelst du 2 feste Maschen.

9 Runde 18-23: Häkle in jeden Maschenbogen der Vorrunde 1 feste Masche.

10 Runde 24: Häkle in jeden Maschenbogen der Vorrunde 1 feste Masche, in jeden 5. Maschenbogen häkelst du 2 feste Maschen.

11 Runde 25-26: Häkle in jeden Maschenbogen der Vorrunde 1 feste Masche.

12 Runde 27: Häkle in jeden Maschenbogen der Vorrunde 1 feste Masche. Jede 6. und 7. Masche häkelst du dabei zusammen ab.

13 Runde 28: Häkle in jeden Maschenbogen der Vorrunde 1 feste Masche.

14 Runde 29: Häkle in jeden Maschenbogen der Vorrunde 1 feste Masche. Jede 5. und 6. Masche häkelst du dabei zusammen ab.

15 Runde 30: Häkle in jeden Maschenbogen der Vorrunde 1 feste Masche. Dann knotest du das Garn in Jade an.

16 Runde 31: Häkle mit dem Garn in Jade in jeden Maschenbogen der Vorrunde 1 feste Masche. Jede 4. und 5. Masche häkelst du dabei zusammen ab. Knote nun das Garn in Kamelie an und arbeite damit weiter.

17 Runde 32-38: Häkle mit dem Garn in Kamelie in jeden Maschenbogen der Vorrunde 1 feste Masche.

18 Runde 39: Häkle in jeden Maschenbogen der Vorrunde 1 feste Masche, in jeden 3. Maschenbogen häkelst du 2 feste Masche.

19 Runde 40-44: Häkle in jeden Maschenbogen der Vorrunde 1 feste Masche. Anschließend stopfst du die Matroschka schön fest mit Füllwatte aus, damit sie eine gute Figur bekommt und etwas an Gewicht zunimmt.

20 Runde 45: Häkle in jeden Maschenbogen der Vorrunde 1 feste Masche. Jede 4. und 5. Masche häkelst du dabei zusammen ab.

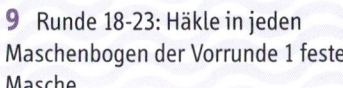

AUF DER NÄCHSTEN SEITE GEHT'S WEITER

21 Runde 46: Häkle in jeden Maschenbogen der Vorrunde 1 feste Masche.

22 Runde 47: Häkle in jeden Maschenbogen der Vorrunde 1 feste Masche. Jede 3. und 4. Masche häkelst du dabei zusammen ab.

23 Runde 48: Häkle in jeden Maschenbogen der Vorrunde 1 feste Masche.

24 Runde 49: Häkle in jeden Maschenbogen der Vorrunde 1 feste Masche. Jede 2. und 3. Masche häkelst du dabei zusammen ab.

25 Runde 50-51: Häkle immer 2 Maschen der Vorrunde mit festen Maschen zusammen ab.

26 Schneide den Faden 20 cm vom Knäuel entfernt ab und ziehe die letzte Schlinge lang, bis das Fadenende durchrutscht. Mithilfe der Häkelnadel fädelst du nun reihum das Fadenende durch alle verbliebenen Maschenbogen. Wenn du jetzt den Faden straff ziehst, schließt sich die Matroschka.

Schleife

Schlage 9 Luftmaschen in Kamelie an und häkle die Reihe mit festen Maschen zurück. Mache 1 Wendeluftmasche, wende deine Arbeit und häkle 2 weitere Reihen mit festen Maschen. Schneide den Faden nun 15 cm vom Knäuel entfernt ab und ziehe die letzte Schlinge lang, bis das Fadenende durchrutscht. Vernähe alle Fäden. Wickle einen Faden in der gleichen Farbe mittig straff um den kleinen Streifen und verknote ihn. Klebe oder nähe die Schleife danach an.

Gesicht

1 Zeichne mit dem Zirkel oder mithilfe eines Glases einen kleinen Kreis von ca. ⌀ 4 cm auf die Thermotransferfolie. Dann malst du das Gesicht mit Filzstiften auf (siehe Seite 20).

2 Lege die Thermotransferfolie nun mit der bemalten Seite auf den Filz und bügle darüber. Ziehe die Rückseite der Transferfolie behutsam ab, während sie noch warm ist.

3 Schneide das Gesicht aus und bestreiche es auf der Rückseite an der Außenkante mit Klebstoff. Geh sparsam damit um, da der Klebstoff sonst durch den Filz durchdrückt.

4 Drücke das Gesicht auf den Kopf und halte es fest, bis der Klebstoff etwas angetrocknet ist. Du kannst auch vorsichtig kleine Stecknadeln am Rand entlang stecken, um den Filz auf dem Gehäkelten zu fixieren.

5 Als Letztes klebst du der Matroschka die Zackenlitze und den Herzknopf auf.

Matroschka mit Blümchen

Die Matroschka mit Blümchen ist etwas kleiner, wird aber auf dieselbe Weise wie die große Matroschka gehäkelt. Häkle am Anfang jedoch nur 10 feste Maschen in den Magic Loop. Bei den Schritten 7, 9, 17 und 19 häkelst du außerdem immer jeweils 1 Runde weniger.

TIPP
Wenn du gerne stickst, kannst du für das Gesicht auch einen kleinen Kreis (siehe Schritt 1-6) mit Garn in Soft Apricot häkeln und Augen, Haare und Mund dann aufsticken.

Für ein farbenfrohes Kinderzimmer

Hinweis: Du kannst das Kissen entsprechend der Angaben des Wollherstellers im Ganzen waschen.

1 Schlage 28 Luftmaschen und 3 Wendeluftmaschen in Mint an.

2 Reihe 1: Stich in die 28. Masche ein und häkle 1 Stäbchen. Lass die letzten 2 Schlingen dabei noch auf der Häkelnadel. Nun häkelst du ein weiteres Stäbchen in denselben Maschenbogen. Beim letzten Abhäkeln des 2. Stäbchens holst du den Faden durch alle Schlingen, die auf der Häkelnadel liegen. Du hast damit die 2 Stäbchen zusammen abgemascht. Zusammen abgemaschte Stäbchen nennt man auch Büschel.

3 Überspringe 1 Maschenbogen und häkle in die nächste Luftmasche 3 Stäbchen. Diese maschst du ebenfalls alle zusammen ab. Häkle die Stäbchen dazu wie gewohnt, lass dabei aber immer die letzten 2 Schlingen auf der Häkelnadel. Wenn du dann das letzte Stäbchen häkelst, holst du den Faden durch alle Schlingen (das sind dann 4), die noch auf der Häkelnadel liegen (siehe Schrittbilder 9a-9d).

4 Wiederhole Schritt 3 bis zum Ende der Reihe und wende deine Arbeit.

5 Reihe 2: Knote nun einen Faden in Weiß an und hole den Faden mit der Häkelnadel durch den nächsten Maschenbogen. Häkle die Schlinge einmal ab und mache anschließend 2 Luftmaschen.

6 Häkle 1 feste Masche in die Lücke zwischen den Stäbchenbüscheln der

Vorreihe. Anschließend häkelst du wieder 2 Luftmaschen und 1 feste Masche zwischen die nächsten Büschel. Wiederhole das Ganze bis zum Reihenende. Wende deine Arbeit.

7 Reihe 3: Knote einen Faden in Koralle an und häkle 4 Luftmaschen. In den Luftmaschenbogen der weißen Vorreihe häkelst du 3 Stäbchen, die du zusammen abmaschst. So verfährst du bis zum Reihenende.

8 Reihe 4: Wiederhole Schritt 5 und 6 mit dem Garn in Weiß.

9 Reihe 5: Knote einen Faden in Aqua an und wiederhole Schritt 7.

10 Reihe 6: Wiederhole Schritt 5 und 6 mit dem Garn in Weiß.

11 Reihe 7: Knote einen Faden in Lachs an und wiederhole Schritt 7.

12 Reihe 8-23: Wiederhole Schritt 5 und 6 in Weiß und Schritt 7 entsprechend des Farbwechsels so oft, bis du von den Farben Aqua, Mint, Lachs und Koralle jeweils 3 Reihen gehäkelt hast.

13 Anschließend schneidest du den Faden 15 cm vom Knäuel entfernt ab und ziehst die letzte Schlinge lang, bis das Fadenende durchrutscht. Vernähe alle Fäden.

AUF DER NÄCHSTEN
SEITE GEHT'S WEITER

Ausarbeitung

1 Lege den Stoff und dein Häkelteil jeweils mit der rechten Seite aufeinander und fixiere das Ganze mit Stecknadeln. Die rechte Seite des Häkelstücks ist die schöne Seite, bei der du die Stäbchen im Muster gut erkennst.

2 Mithilfe von Nähgarn und Nähnadel nähst du mit Überwendlingsstichen entlang der Kante durch den Stoff und das Gehäkelte. Das machst du Stück für Stück. Nimm am besten immer nur 30 cm lange Fäden zum Nähen, sonst ist das Durchziehen etwas anstrengend und der Faden verheddert sich.

3 Schließe auf diese Weise das Kissen. An einer Seite lässt du dabei mittig eine Öffnung von ca. 20 cm. Durch diese Öffnung wendest du dein Kissen wieder nach außen, sodass die rechten Seiten zu sehen sind.

4 Schiebe dein Kissen-Inlett durch die Öffnung in den Bezug und bringe alles in Form.

5 Klappe den Stoff an der Öffnung 0,5 cm nach innen und lege ihn auf die gehäkelte Kante. Fixiere alles mit einigen Stecknadeln und schließe die Öffnung mit Überwendlingsstichen.

TIPP
Anstatt des Stoffes kannst du auch eine gehäkelte Rückseite anfertigen und die beiden Teile aneinandernähen bzw. zusammenhäkeln. Gestalte die Rückseite einfarbig oder in anderen Garnfarben, sodass du ein Wendekissen bekommst.

Buchtipps für dich!

Du hättest gerne noch mehr Kreativideen? Dann wirst du in diesen Büchern ganz bestimmt fündig!

TOPP 5797
ISBN 978-3-7724-5797-5

TOPP 5692
ISBN 978-3-7724-5692-3

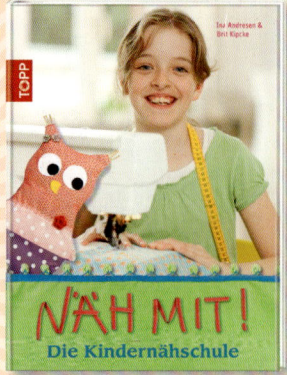

TOPP 5764
ISBN 978-3-7724-5764-7

TOPP 5675
ISBN 978-3-7724-5675-6

TOPP 5995
ISBN 978-3-7724-5995-5

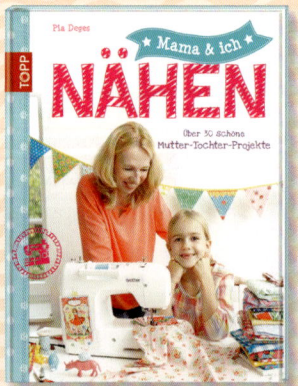

TOPP 7536
ISBN 978-3-7724-7536-8

TOPP 5959
ISBN 978-3-7724-5959-7

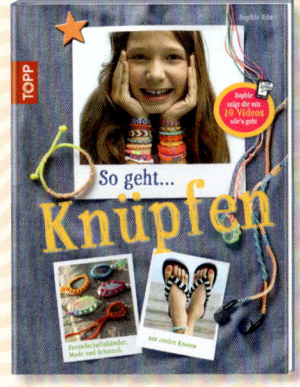

TOPP 7522
ISBN 978-3-7724-7522-1

TOPP 5955
ISBN 978-3-7724-5955-9

TOPP 5958
ISBN 978-3-7724-5958-0

TOPP 5961
ISBN 978-3-7724-5961-0

TOPP 4173
ISBN 978-3-7724-4173-8

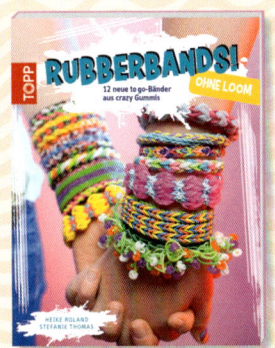

TOPP 4084
ISBN 978-3-7724-4084-7

TOPP 4087
ISBN 978-3-7724-4087-8

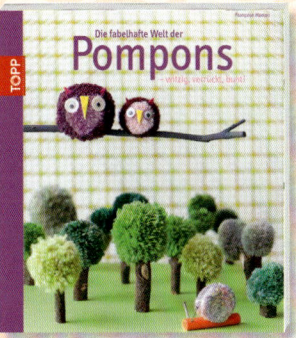

TOPP 5677
ISBN 978-3-7724-5677-0

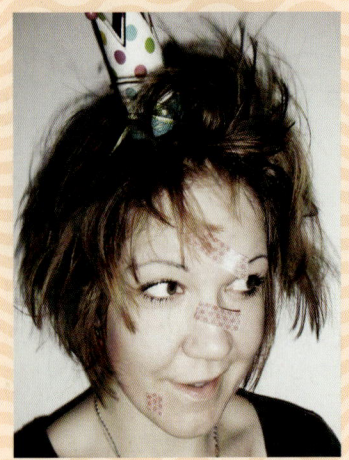

Franziska Heidenreich

Franziska Heidenreich ist Diplom-Kommunikationspsychologin und gelernte Mediengestalterin. Sie ist die Autorin von einigen ganz besonderen und erfolgreichen Kinderbastelbüchern des frechverlags und fühlt sich auch bei den klassischen Handarbeitsthemen pudelwohl. Laut eigener Aussage hatte sie im zarten Alter von sieben Jahren das erste Mal Stoff, Wolle und Häkelnadel in der Hand und hat damit fleißig ihren Puppen zu einer neuen Kleiderkollektion verholfen – und das, obwohl niemand in ihrem Umfeld in Sachen „Handarbeiten" hilfreichen Beistand leisten konnte. Beim Häkeln war sie schon immer fasziniert davon, dass aus einem einzigen Wollfaden alle erdenklichen Formen entstehen können, was ganz wunderbar in Franziskas Welt passt, in der das „Sich-Dinge-Ausdenken" zu ihren Lieblingsbeschäftigungen gehört. Sie lebt seit einigen Jahren mit ihrem Freund, ihrem Sohn und ihrer Katze in Berlin.

DANKE!

Wir danken der Firma Coats für die Unterstützung bei diesem Buch.
Coats GmbH Kenzingen
www.schachenmayr.com
www.coatsgmbh.de

KREATIV-HOTLINE

Hilfestellung zu allen Fragen, die Materialien und Bastelbücher betreffen: **Frau Erika Noll** berät Sie. Rufen Sie an oder schreiben Sie eine E-Mail! **Telefon: 0 50 52 / 91 18 58*** **E-Mail: mail@kreativ-service.info** *normale Telefongebühren

Der Freischalte-Code lautet: 16292

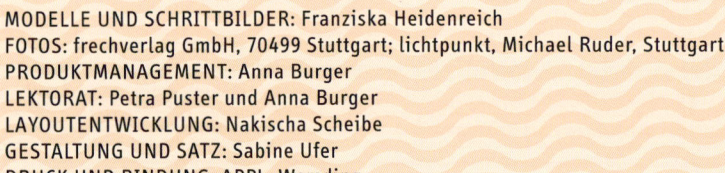

MODELLE UND SCHRITTBILDER: Franziska Heidenreich
FOTOS: frechverlag GmbH, 70499 Stuttgart; lichtpunkt, Michael Ruder, Stuttgart
PRODUKTMANAGEMENT: Anna Burger
LEKTORAT: Petra Puster und Anna Burger
LAYOUTENTWICKLUNG: Nakischa Scheibe
GESTALTUNG UND SATZ: Sabine Ufer
DRUCK UND BINDUNG: APPL, Wemding

1. Auflage 2015

© 2015 **frechverlag** GmbH, 70499 Stuttgart   www.topp-kreativ.de

ISBN 978-3-7724-7529-0
Best. Nr. 7529